经济学学术前沿书系
ACADEMIC FRONTIER
ECONOMICS BOOK SERIES

中日银行业对外开放比较研究

倪东明◎著

经济日报出版社

图书在版编目（CIP）数据

中日银行业对外开放比较研究 / 倪东明著．-- 北京：经济日报出版社，2022.8
ISBN 978-7-5196-1144-6

Ⅰ．①中… Ⅱ．①倪… Ⅲ．①银行业-对外开放-对比研究-中国、日本 Ⅳ．①F832②F833.13

中国版本图书馆 CIP 数据核字（2022）第 129301 号

中日银行业对外开放比较研究

作　　者	倪东明
责任编辑	陈礼滟
责任校对	李晟北
出版发行	经济日报出版社
地　　址	北京市西城区白纸坊东街 2 号 A 座综合楼 710 室（邮政编码：100054）
电　　话	010-63567684（总编室） 010-63584556（财经编辑部） 010-63567687（企业与企业家史编辑部） 010-63567683（经济与管理学术编辑部） 010-63538621　63567692（发行部）
网　　址	www.edpbook.com.cn
E-mail	edpbook@126.com
经　　销	全国新华书店
印　　刷	北京建宏印刷有限公司
开　　本	710 毫米×1000 毫米　1/16
印　　张	12
字　　数	162 千字
版　　次	2022 年 8 月第 1 版
印　　次	2022 年 8 月第 1 次印刷
书　　号	ISBN 978-7-5196-1144-6
定　　价	49.00 元

前　言

20 世纪 50 年代以来的世界金融格局，犹如一部波澜起伏、叩人心扉的史诗，带给全球经济体无限的震撼。从布雷顿森林体系到牙买加体系、从金融管制到金融自由化、从金融危机的间或发生到巴塞尔协议的几经易稿等，无不突出金融业的风险性、国际性、传递性等特征。在进入 21 世纪后，金融体系的脆弱性、公共性、互动性，通过始于美国的全球性金融危机暴露无遗，提升金融和经济的层级已成各界共识，迫使诸方无法独善其身。既然金融安全存在“牵一发而动全身”的外部效应，而且贸易、服务的全球化又在增加金融的不确定性，因而金融业对外开放的速度、质量、效应、安全、分工与合作等应成为研究和管理的关键环节。

银行业对外开放被普视为金融业对外开放的主要组成部分，它的治理结构、资本、风险调控以及对东道国经济的贡献度等，均可以上升为一国的战略层次来加以关注。不管是先有贸易的国际化和全球化，以此来促进银行业对外开放的广度和深度，即银行追随贸易而存在；还是贸易追随银行而发展壮大，它们均能反映出银行业对外开放的重要性和迫切性，并实时改变经济的内质。在涉及银行业对外开放的成本收益问题上，尽管不同国家可能遇到不同的情况，但唯一不变的是在“低风险、低成本、高效益”的前提下，实现资本的合理流动和最佳配置。

日本银行业的对外开放，虽然正式起源于 20 世纪 80 年代，但仍要追寻到 20 世纪 40 年代末进行研究，主要缘由是日本金融体制美国化的转型。当时，日本二战战败后无论从经济、金融还是生产等方方面面均是风雨飘摇、百废待兴，而“道奇计划”的诞生却使表症堪忧的日本金融业春意盎然。当然，日本政府对这种金融体制的浓墨重笔不容小觑，即沿循分业经营与分业监管而产生的主银行制、对外开放中“走出去”和“引进来”的非对称性（更加关注前者）和以低利率的官方政策满足实业资金的及时而又充足的需求等等，将处于崩溃边缘的日本拉回复兴并成就其世界第二经济强国的地位。

随着各经济体相继加大开放力度，日益形成相互包容、彼此融通的世界经济新市场。日本在经济全球化和一体化的大背景下，也投入到这一浪潮之中，逐步放松金融管制。不过，这里更吸引眼球的则是美国和日本“广场协议”的签署、运行和后果，因为这可以看作是现代日本经济史上的一次重要分界点：汇率的波动频繁（尤以升值为主）、虚拟经济大大超过实体经济、当局金融政策的非实时性、显性增长和隐性风险的并存等，均在凸显 20 世纪 80 年代中期到后期的日本经济“现实”。

尽管“金融大爆炸”试图对没落的经济进行积零成整，无奈至 20 世纪末仍未尽其效。但是，2002 年 10 月的“金融再生计划”又将这种无奈变为有望，并于 2005 年 3 月实现化解不良资产的目标。特别值得肯定的是，日本经历由“贸易立国”“技术立国”和“金融立国”的递进转型，显现日本对金融实现分业经营与监管到综合经营与监管转变的战略重新定位，并引领金融业国际竞争地位和经济高速增长的强势回归。

开放与制度变迁、制度创新有着相互促进的关系，这一点可以通过日本经济（暨金融）复苏—繁荣—稳增—萧条—复苏的经济周期中得到验证。1955 年后的 18 年高速经济增长，尽管是建立在“别样”的对外开放基础之上，但制度变迁的结果相当明显；之后到 20 世纪 80 年代末的融入全球经济金融一体化和国际化，却未使经济增长率低于之前的水平；20 世纪 90 年代初开始的萧条经济又与对外开放度低、制度创新弱并驾齐驱；直到 21 世纪才有金融开放新的姿态和经济新的起点。

源于 1978 年 12 月的中国经济改革开放，催生了银行业的全面改革与对外开放。这里既有“大一统”到二元体系直至多元体系的转型，又蕴含混业经营与监管到分业经营与监管的转制，也不失进入21世纪后银行业“走出去”和“引进来”的全面提速。尤其是外资银行在中国金融市场上的法人化，不仅为中国带来了前所未有的金融竞争，而且对东道国的监管体制亦提出强有力的挑战，也就容易形成“空白”和“重复”的监管领域。

尽管20世纪80年代初恰值经济全球化与一体化、金融国际化与自由化的时期，然而中国银行业的改革开放刚刚起步，由此意味着由点带面、由低到高、由内到外稳妥推进等开放方略的恰到好处。伴随开放层次的渐进提高，风险集聚亦在升级，并会引发国民经济衰退。因此，如何把持开放与监管并驾齐驱、金融深化与金融管制的协调处理，这对已经步入全面开放的中国银行业是极大的挑战和机遇。

日本银行业对外开放相关节点的乏善可陈，已给处于不同时期但有着类似经历的中国银行业敲响了警钟，比如，“汇率之战”。由此，中国银行业应吸取日本金融一定时期的败战经验，开启“（日本）失败是（中国）成功之母”。日本等国家的金融综合趋势，又对中国银行业创新经营与监管提出划时代的要求，并以深入的银行改革推进对外开放，形成银行与经济的国际化联动效应。中日银行业对外开放的起点不同，但只要在风险防控、公司治理、机制创新等方面形成后发优势，将会凝聚不可阻挡的金融和经济效应。

日本银行业对外开放的林林总总，演绎了诸多的经典“故事”。有鉴于此，中国理出利率、汇率、不良资产、监管、创新和治理结构等方面的得失，趋利避害，进而构建自身银行业开放的策略之库。无论怎么说，银行业对外开放的中日对比，既具有理论学术价值、也具有它的实际指导意义。

本书共包含六章，其中第一章概括性地介绍写作的国内外背景、前人研究成果、篇章结构与方法以及创新之处；第二章和第三章分别论述日本和中国银行业对外开放的原因、历史进程和效应；第四章是本书的核心部分，详细进行了中日银行业对外开放在风险调控、经营管理、利率完全市场化方面的比较；第五章则进一步从监管、汇率、货币国际化等方面进行比较；第六章作为主旨部分，结合日本银行业的对外开放，论证中国银行业对外开放的未来取向。

本书的主要结论是，一国的银行业对外开放是必须的，而对应货币政策的有效实施亦是必然的，二者协同作用可以产生“1+1 ＞ 2”的效果。但是，作为经济主体的银行业并非独立运作，而是处于不断变化且相互影响的大环境中，这又证明了经济体的相互包容。因此，开放过程作为一种制度过程，如何从制度上确保银行业对外开放的有效运转，达到自律与他律下的“低风险、低成本、高效益”之目的，这是银行业监管机构有待解决的重要课题。

目 录
CONTENTS

第一章　绪论

第一节　问题的提出

二战以后，经济全球化大背景之下，银行的国际开放是一个时代的突出现象和发展潮流。贸易和服务国际化推动的金融资本国际化、风险的繁殖和防控的复杂性、银行体制差异带来的国际竞争与合作的诸多困难，以及主观意识与客观挑战的冲突等，均能体现银行业所面临的全球性多变潮流。在这个潮流中，有些国家的银行业开放是主动的，例如美国和欧洲；有些则是被动的，甚至可以说是被迫的，例如中国和日本。不管怎样，它们都要汇聚到这样的大潮流中。

中国银行业的对外开放，要追溯至 1978 年 12 月 18 日至 22 日。因为正是此期间召开的中国共产党第十一届三中全会，敲响了中国改革开放的钟声，相伴而来的是银行业对外开放新纪元的开始。最初的银行业开放情景主要体现为外资银行的“引进来”，例如 1979 年日本输出入银行在中国设立办事处，其后外资银行分别以其他各种形式出现在中国金融市场上，包括分行、子公司等。[①] 尤其是 2006 年 12 月 11 日后，由于加入世界贸易组织（WTO）过渡期的结束，引致外资银行的法人化，包括直接形成和转型所致等，使中外资银行同台竞争气氛日渐趋浓。同时，中资银行“走出去”的步伐亦呈稳健趋势，继中国工商银行、中国银行、中国建设银行分别在海外建立子行之后，2011 年 11 月 9 日交通银行在英国设立子行，从而形成内外交融的资本竞争格局。

然而，中国银行业 40 余年的对外开放，累积和面临的诸多问题亦不容忽视。从公司治理结构到内部控制机制、从自身分业经营与监管为主到世界金融混业经营与监管的变化、从衍生工具的缺乏到国际市场竞争力的

① 向贤敏. 外资银行监管法律制度的完善［J］. 经济经纬，2006（5）：158.

降低、从国际金融风险的频发到自身应对策略的有待完善等，无不显示对外开放进程的博弈特征。

随着经济全球化和金融国际化的逐步深入，如何适应国内、国际经济的要求，积极稳妥地推进银行业对外开放？对此既要总结自己的历史经验，也要借鉴别人的教训。日本的开放路径选择及其经验教训，就是值得重视的典型例证，因为日本经由“道奇计划”“金融自由化”“广场协议”“金融大爆炸”和“金融再生”等一系列步骤，建构了日本银行业对外开放被动而独特的、与经济增长呈波浪式前进的情形。

正是基于上述思考，选择中日银行业对外开放的比较，旨在挖掘二者的运作规律和优劣特征，通过比较研究获得中国的启示借鉴，为推进下一步改革开放提供参考。

第二节　文献综述

“银行业对外开放”包括“引进来”和“走出去”两层含义，前者主要是将外资银行引至东道国，实行“引资、引智、引制、引技”并举，[①]通过本外资银行同台竞争，打破原有不适应市场经济、外向经济的壁垒，构建新型而具活力的银行体系；后者则表现为将本国的银行服务业推至目标国家或地区，参与国际经济与银行更广范围的竞争与合作，使本国银行业服务水平、获利能力、防排风险等获得显著的改进。而银行业对外开放一直是理论界与实业界的专家、学者探讨与争论的焦点，从而形成了此方面的诸多经典文献。本书主要涉及中日银行业的对外开放，论述两个典型经济体银行业金融机构改革开放的成败经验与教训，旨在推进中国银行业对外开放进一步顺利、高效地前行。

尽管中国银行业自新中国成立后始终以一种“全能型”的姿态屹立，

① 刘诗平．三十而立——中国银行业改革开放征程回放（1978—2008）[M]．北京：经济科学出版社，2009：234.

促进了产、供、销流通，根据经济社会对资金融通的相应需求，为当时的计划体制也作出了一定的贡献。但是，应该看到的是，当时的经济发展水平相对低下，分分合合的银行体系“造就”了银行与经济的匹配度，即使存在特有的银行分工体系也无法进一步促进计划体制下的经济发展。

始于20世纪70年代末期的中国改革开放，催生了中国银行业的恢复与重建，开展了银行业新旧时代的更迭。1984年1月1日，中国工商银行的组建与运营，宣告二元银行体系取代一元体系，建构银行支撑经济新的基础，意味着中国银行业改革正式起航、见效。20世纪90年代中期以前相继成立的11家股份制商业银行、3家政策性银行，不仅为四大国有专业银行向商业化转型提供公司治理、风险调控、内控机制等方面的经验借鉴，重要的是中国银行业体系趋于多元化。借助国家注资、不良资产剥离，中国银行、中国建设银行、中国工商银行先后股改成功，并于2007年9月前相继上市融资；中国农业银行经过多年的筹备，亦于2010年7月在沪港上市。

同时，由于新中国成立后的外资银行相继撤出中国，形成1978年以前银行业对外开放受到遏制的局面。伴随着中国银行业的改革，开放的银行业重新焕发生机，从1979年中国人民银行批准第一家外国银行——日本输出入银行在北京设立代表处开始，以及1982年第一家外资银行分行——香港南洋商业银行深圳分行的设立，[①]由此拉开了外资银行进入中国金融市场的序幕。随着中国经济体制转轨和外向型发展，中国引入外资银行的步伐逐步加快，尤其是在中国加入WTO后，外资银行在中国营业性分支机构的逐步增多，加快了外资银行进入中国的节奏，提升了中外资银行竞争的速度、质量，对于目前中国外汇、技术、管理、人才等模式的更新起到推波助澜的作用。而且，中国银行业进入国际银行业环境也是与日俱增，呈现出资本参股、并购、兼并国外银行的现象，显示出中国银行业稳固、

① 刘诗平．三十而立——中国银行业改革开放征程回放（1978—2008）[M]．北京：经济科学出版社，2009：41.

加大国际银行业竞争与合作的信心与决心。例如，1979 年 6 月中国银行在卢森堡设立首个改革开放后的海外分行，之后陆续在纽约、东京、香港等地开设分行和合资经营。

针对中国银行业的这一变革历程而展开研究的重要文献有：刘明康（2009）等详细论述了银行业与中国总体改革开放的同步进程。刘诗平（2009）谈到“大一统”到二元银行体系的形成、信托投资公司的对外开放、中国恢复国际货币基金组织（IMF）和世界银行的地位及引进其贷款、外资银行“引进来”及 1983 年 2 月首个外资金融机构法规颁布、1989 年招商银行为首家办理离岸业务的试点银行，最后对中国银行业“引进来”和“走出去”进行了全球环境下的解析。

李变花（2009）将中国银行业对外开放进行这样的描述：首先通过评价指标体系构建测度模型，表明中国银行业对外开放水平的高低决定中国银行业乃至整个金融业的发展、稳定和安全；其次强调中国银行业的国有性质及宏观经济走势，注定内源性危机概率较小，但国际游资冲击显现要对资本项目进行一定的限制，以防止外部影响形成金融危机；随后对美国、英国、日本三国的金融监管进行了对比，表明了中国金融监管的特殊性和非均衡性。

张红（2009）通过金融自由化对中国银行业市场结构的影响，阐明加入 WTO 后的中国银行业应深化改革、勇于创新，只有这样才能建立国际竞争力的银行体系，以促进中国经济的腾飞。姜学军、刘丽巍和范南（2005）从银行业对外开放的内涵、背景、衡量等角度出发，对银行业对外开放进程中风险存在进行了论述，并通过一系列方法谈及要健全风险监控体系，以应对开放条件下银行业的国际竞争。

魏本华、李德和景学成（2010）主要介绍金融的改革开放历程以及中国分业经营与分业监管，结合中国加入 WTO 提出了中资银行业走出去的相关策略。沈悦和王小霞（2010）着重就金融自由化的体系和安全机制做了阐述，这也为之后进行中日银行业的经营体制比较打下了铺垫。李志辉

（2001）则从中国银行业由“大一统”到二元体系和多元体系转型出发，论述银行业的商业化和现代化进程，并通过自身存在的问题，前瞻性地提出中国银行业的未来趋向。黄宪、赵征（2009）对外资银行进入东道国并对后者金融安全产生的影响进行一般性分析，然后结合中国银行业的控制力来表明其对外开放的基本策略。

关于日本银行业对外开放的研究，见诸刘昌黎、张季风、鹿野嘉昭等学者有关日本金融的文献。刘昌黎（2008）首先分别研究日本经济的各个职能领域，然后又以单独的金融篇幅给予论证，说明了日本金融业传统体制和自由化、国际化以来经营管理的改变；张季风（2006&2009）除了具备与刘昌黎类似的论证外，还从1990年以后日本经济走入大萧条时期开始，论述日本金融业开放的利弊，阐述了银行业对内经营与对外开放的转型；鹿野嘉昭（2003）在关于日本金融制度的研究中，探讨了日本金融业的经营管理状况。

桥本寿郎（2001）、朱明（2004）和丁溪（2010）在其各自的关于日本经济著作中，均从日本主银行体系和金融改革等方面进行了一定的研究。戴晓芙（2008）对日本银行业的兼并及其效果进行了细致入微的解读，并对混业后日本金融集团的国际化经营做了分析。魏全平（2010）则通过戴晓芙、陈建安等学者对日本银行业改革开放的分述进行了归纳和总结，然后进行了中日金融与经济的比较。蔡林海和翟锋（2007）以泡沫经济及其萧条经济为中心，探讨了日本金融政策的失当，并论及金融再生对产业再生的作用。

廖尧麟（2002）、加藤弘之（2008）等学者从相关角度对中日经济和金融进行了比较。廖尧麟的博士论文从中日银行体制改革的角度，研究了两国银行结构转型的紧缩效应；加藤弘之又从中日经济比较的视点，融会贯通地对两国银行业经营管理加以论述。他们均对日本银行业对外开放的相关理论和实践加以论述，并进行了传统与现代的对比以及中日银行业对外开放之对比。

综观如上众多学者的探讨，较好地对中日银行业对外开放进行了个别研究。如果说存在某些分析比较的文献，也只是就某个方面（如体制结构）进行展开。尽管还有很多关于中日银行业研究的文献，但缺乏针对中日银行业对外开放深入的比较研究。总之，中日银行业比较的成果少、不全面和不系统，不能满足中国银行业对外开放的比较发展需求。因此，探讨中日银行业开放进程中的经验教训，尤其是以日本银行业对外开放的成败为明镜，为中国银行业更好地对外开放提供借鉴，亦是此研究的立题所在。

第三节 结构与方法

本书共包括六章。

第一章概括性地介绍写作的国内外背景、前人研究成果、篇章结构与方法以及创新之处。

第二章论述日本银行业的对外开放，分别论述了体制变革的开放、经营主体的开放和货币的开放。体制变革的开放涵盖“道奇计划”“广场协议”，介绍日本银行业分阶段开放的层级和效应；经营主体的开放分述了日本银行业“走出去”和“引进来”的历史进程，主要基于“护送舰队”式、“金融自由化”和“金融大爆炸”等主客观环境的影响，详细讲解日本的主银行制、结构变革、金融行政、金融放松和日元升值等，进而通过经济萧条引发的金融变革带来金融经营与监管体制的改变；货币的开放主要论及了日元国际化和汇率形成机制的变化，以及对经济所产生的效应。

第三章论及中国银行业的对外开放，一是显现开放因由，包括“三驾马车”的驱动、内外环境的促使、WTO 的推进和“金融脱媒”等新兴力量的联动，以深入体现银行业对外开放的供需效应；二是通过解析“引进来”和“走出去”的开放进程，进一步剖析中国银行业主客观推进的特征，尤其是全面开放后银行业所要面对的外资银行法人化，以及中资银行海外竞争程度的问题，强调开放与监管的并重；三是展示银行业对外开放带来的积极成效和消极成效，最重要的是警示中国银行业：不仅要充分利用外部的机遇和自身的优势，更要关注外部的威胁和内部的劣势，做到“博采众家之长、力补自身之短”。

第四章是本书的核心，详细进行中日银行业对外开放诸多方面的比较，主要有风险调控、经营管理、利率市场化。在风险调控的比较中，首先从中日银行业所面临的风险入手，通过分析影响银行业开放的一般因素，经由两国银行业风险及其影响的实际研究，进而探讨中日银行业风险调控的诸多方略。其次对于经营管理的比较，则主要从公司治理结构、业态模式以及存在的问题为突破口，深入进行这些方面的探讨，挖掘二者通过银行业对外开放已获得的启示和提高对外开放水平的策略实施以及对经济产生的影响。再者是对于利率市场化的比较，中日利率市场化的形成轨迹首当其冲，衍生出一般原因和具体原因，论证了日本利率完全市场化的效果及其可能对中国产生的对比效应。

第五章则是对第四章的进一步延伸，主要论述监管机制、汇率体制、货币国际化及其基本经验和教训。监管体制的比较研究是基于创新的前提下展开的，并以中日监管体制的演变为突破口，应用成本收益法和生命周期模型来找寻且实现对外开放背景下的监管效应最大化。关于汇率的中日比较，不仅重要而且贴近现实，因为中国目前的状况如同 20 世纪 80 年代中期到末期的日本情形，如果探究日元汇率波动的一般因素和现实因素比较详致，必定对降低和消除人民币汇率风险起到积极的推动作用，同时能够发挥资本的最佳配置功效。货币国际化则从中日货币国际化的路径及其比较为入口，探讨日元和人民币国际化的具体原因，从而对中日货币国际化所引发的效果进行比较论证，并进一步提出人民币国际化基于日元国际化优劣思考下的一些方略。

第六章为本书的主旨部分，它为中国银行业对外开放提出了相关策略。本章中所做出的各种筹划，均是依据中日银行业对外开放比较的结果。尽管受不确定性和高收益性的共同影响，但透析并改进开放进程中可能存在的问题，旨在达到对策与行动相得益彰的预定目标。

本书沿循一般到具体、历史到未来的基本逻辑展开论述，对中日银行业对外开放的问题与对策进行比较解析，使分分总总的论证始终围绕中日银行业对外开放比较这个写作中心不动摇。尤其是第四章和第五章关于中日银行业对外开放的比较，更是用了大量的篇幅来论证文章的中心思想。

本书综合采用比较研究法、实证研究法和历史归纳法。尤其是第四章和第五章，都从中日银行业的六个典型视角进行分门别类的对比。在有效采取这些方法的同时，本书还积极引进经济学的研究，例如监管的成本收益分析、监管的供求均衡效应分析等，旨在体现经济发展与金融制度的密切关联。

第四节　本书的创新点

综观学术界、实际工作部门关于中日银行业对外开放的研究，虽然总体而言数量不少，但基本上是就中国谈中国、就日本谈日本，进行比较研究者可以说是凤毛麟角。本书的出发点和立足点，正是建立在中日银行业对外开放比较分析的基础上。本书创新点具体体现在：一是进行了风险调控比较，从一般因素、具体原因及策略实施等方面进行探究，从而为在风险变幻莫测的国际环境下中国银行业的运营和监管提供支持；二是剖析了利率市场化，关注已经实现利率完全市场化的日本，旨在对于目前正在推进利率市场化改革的中国在原路径和效果等方面有所借鉴；三是开展了监管体制比较，主要分析中日的监管体制，从监管的各自原因、效应得出中国银行业对外开放如何加强监管，并以此促进自身和经济的发展；四是透视了汇率波动问题，通过日本汇率波动的经验教训为人民币汇率改革提供借鉴；五是货币国际化的比较研究，可以说是开辟了中日比较的先河，因为在此之前这一领域几乎空白，并通过先后两个经济体货币国际化的路径、原因和效果的对比分析，得出日元完全国际化对时下人民币推进国际化构成重要战略参考，等等。

本书的创新还体现在结构方面，即通过对中日银行业对外开放诸多角度的比较，所体现出来的日本经验教训及中国应采取的前瞻战略，均分布在各个比较模块后，让人感觉这种比较效应的直接性、重要性和及时性。而且，全书最后一章亦不失对中国银行业对外开放一般和具体两个方位的分析，进而实现将各枝节形成一棵完整的“大树”。

然而，基于数据获取的局限性、日本银行业对外开放资料的欠缺性和作者对于中日银行业实地考证的机会较少等，难免出现个别数据、知识点和相关论述与其他观点存在冲突，这正是作者对于主题研究所存在的不足之处，更是作者需要进行后续研究的基础。

第二章　日本银行业的对外开放

迫于对二战后国内满目疮痍的经济状况进行治理，日本“引进”了所谓的“道奇计划”，成功带来了制度变迁与经营主体的吻合效应，并以此实现了日本经济的高速增长。1980年后的金融自由化，尤其是“广场协议”的签署，尽管推进了日元的国际化和经营主体的“引进来”，实现了单向开放到双向开放的转型，但日元汇率的波动所引发的经济低速增长甚至萧条，已经使这种开放受到质疑。虽经1996年“金融大爆炸”的盘整，但直至2002年“金融再生计划”的问世，才使日本经济重新复苏。

基于日本银行业对外开放的历史进程，本章着重从三个角度进行重点阐述：一是制度变革的开放，包括贯穿日本银行业被动开放的“道奇计划”和“广场协议”；二是经营主体的开放，涉及“引进来”和“走出去”及其二者的协同；三是货币的开放，侧重研究日元的国际化和汇率形成机制的变化，探讨日本银行业对外开放的广度和深度。

第一节　制度变革的开放

谈及日本银行业二战后的对外开放，制度变革的开放首先映入眼帘：“道奇计划”对日本银行业体制的改造所取得的惊人成就，“广场协议”的形成、运作与后果带给全球的极大震撼。通过日本银行业改革开放临界事件的探讨，有助于理解日本经济周期性波动的潜在原因，并通过降低或化解不良因素的影响来推动自身和类似经济体健康发展。

一、“道奇计划”

二战战败后的日本经济现状，使得“道奇计划”应运而生，并经由主银行制、利率管制、汇率管制、分业经营与分业监管等“护送舰队”式银行体制的协调和配合，实现了日本经济的高速增长。

（一）“道奇计划”的出笼

战败后的日本，由于对日作战同盟国的贸易封锁引发的进口替代，导致日本国内的物资、物价、资金、劳动等受到严格管制。并且，国内通货膨胀及相关政策的不到位，促发规范体系来整合日本的经济。1949年2月，美国公使兼联合国总司令部（GHQ）财政顾问约瑟夫·M.道奇开始受命进行日本经济稳定型的改革（即“道奇计划”）。①

“道奇计划”的具体内容涉及：一是废止“经济复兴金融公库”的融资制度，从金融方面扼制总需求的扩大；二是编制紧缩预算，直接抑制政府的支出膨胀，从而间接控制货币供给量的迅速增加；三是制定1美元兑换360日元的单一外汇固定汇率。②“道奇计划”对经济的作用实现了三个转变：第一，通胀经济向稳定经济的转变；第二，封闭经济向开放经济的转变；第三，统制经济向自由市场经济的转变。③

作为二战后日本银行业对外开放的排头兵，“道奇计划”扮演了日本经济全面复兴的重要角色。基于美国（占领国）的视角，“道奇计划”的出台，旨在向日本输出美国的金融体制，进一步巩固美国的金融全球化思想。当然，日本通过“道奇计划”实现的金融制度从战前英国式倾向到战后美国式倾向的转型，促进了美国金融思维的“引进”和日本化改良，是二战后日本银行业对外开放的雏形。

① 张季风.挣脱萧条：1990—2006年的日本经济［M］.北京：社会科学文献出版社，2006.

② “道奇计划”三项内容出自：张季风.日本经济概论［M］.北京：中国社会科学出版社，2009.

③ 杨栋梁.道奇计划与日本经济［J］.南开学报,1995（4）：43.

（二）“道奇计划”对金融的影响

源于“道奇计划”的导引，日本银行业得以展现独特的开放模式（即被动方略），但以下一系列金融行政措施的诞生（即主动方略），又使得“道奇计划”的开放方针与“护送舰队”式的管制进程融会贯通。

1. 主银行制

在以间接金融体系著称的日本，普遍存在着企业与特定银行保持长期业务往来的习惯做法。具体表现为企业经营所需求的信贷资金和外汇业务主要由特定银行来供给，而这部分资金又在企业的资金来源中占有相当重要的地位；特定银行往往又是该企业的大股东，可以向企业派遣相关人员来参与其经营管理，这种捆绑式的银企关系就是所谓的主银行制。它的主要特征表现为：一是银企的这种密切关系，一定程度上解决了资金供需的信息不对称问题，确保了资金的有效和循环利用；二是有利于政府通过银行来达到宏观调控的目的；三是主银行向企业提供的贷款转型（即小额短期贷款经由展期和追加形成大额长期贷款），有利于企业更新改造和技术升级的远期效应；四是当企业出现经营困难时，主银行则可对其进行危机处理。

2. 利率管制

1947 年制定的《临时利率调整法》，根据存款类型和期限设定了具体上限；20 世纪 70 年代起，日本银行政策委员会据其又制定了《存款利率指导手册》，再次规定了存款利率的上限。这表明日本是在通过人为低利率的作用来降低企业的资金成本，形成银企旺盛资金供需的产业链。利率管制的特征主要是资金供求的价格（即利率）由“有形的手”而非“无形的手”进行调节，构建了“官商银一体化”的格局。

3. 外汇管制

1949 年颁布的《外汇与外贸管理法》，禁止日本国内与国外进行资本交易，仅限政府指定银行从事外汇业务（日本经济发展中不可或缺的外汇交易资本除外），以此隔断海外金融市场对本国金融市场的影响，从而可以防范外部金融风险的导入和自身金融竞争的加剧。① 它的典型特征主要体现为日本的外汇供求仅在国内予以消化，实际上抑制了资本的国际往来，减缓了日本银行业对外开放的步伐。

4. 分业经营与分业监管

20 世纪 80 年代之前日本产业资金不足的状况，形成了日本以银行为中心的间接融资居主导地位、分业经营与分业监管的金融体系。具体来说，银行业长短期融资业务的分离、银行业与信托业的分离、银行业与证券业的分离等，从而达到限制各种竞争、支持产业发展和维护银行体系稳定的目的。这种现象的特征是避免了金融跨业竞争，保证了“政府、银行、企业”三方利益链的稳定。

以上金融行政机制的形成，从一个侧面反映了日本银行业“走出去”开放和“引进来”封闭的两面性，是一种典型的单向开放，建构了与“道奇计划”相反的路径，同时也成为“广场协议”（后面详细论述）形成的一方面缘由。

（三）“道奇计划”对金融与经济的整合

源自“道奇计划”的日本银行业对外开放，通过被动而又适时的模式，再配合相关的管制措施，使这一矛盾共同体得以成就日本相当时期的经济繁荣。长达 18 年的经济高速增长奇迹，不仅摆脱日本之前由于战争带来的经济颓势，更是令世人瞩目并成为研究的焦点。

1. 开放的植入恰逢其时

二战战败后日本国内社会满目疮痍，日本的金融体系亦遭到重创。然而，20 世纪 40 年代末美国金融体制的植入，导引日本金融体系的整合和

① 鹿野嘉昭．日本的金融制度［M］．北京：中国金融出版社，2003：34.

重生，并由于日本被美国占领，加之1950年6月25日爆发的朝鲜战争，促成日本出口的增长，进而引发日本经济的快速增长，[①]而1955年则成为经济高速前行的初始年。

受1959年国际货币基金组织（IMF）和关贸总协定（GATT）废除对日本等国家进口管制的影响，对于已经加入这两个组织（1953年和1955年）的日本来说则显现贸易、汇兑自由化进程的加快。加之1964年4月日本政府承诺履行IMF第8条款规定的汇兑自由化以及加入经济合作与开发组织（OECD），[②]自1966年之后日本银行业对投资旺盛需求的满足，并对后者产生提高劳动生产率的影响，进而带动经济高增长至1973年。（见表2–1）

表2–1　日本国内生产总值（GDP）的变化情况

年份	名义增长率（%）	实际增长率（%）	年份	名义增长率（%）	实际增长率（%）
1956	12.2	6.8	1983	4.3	1.7
1957	14.7	8.1	1984	7.2	3.9
1958	7.1	6.6	1985	6.7	4.5
1959	17.3	11.2	1986	4.4	2.8
1960	20.0	12.0	1987	5.1	5.0
1961	20.9	11.7	1988	7.6	6.7
1962	10.7	7.5	1989	7.2	4.3
1963	17.5	10.4	1990	8.5	6.0
1964	15.9	9.5	1991	4.9	2.2
1965	11.1	6.2	1992	2.5	1.1
1966	17.6	11.0	1993	–0.7	–1.0
1967	17.0	11.0	1994	2.2	2.3
1968	18.3	12.4	1995	1.9	2.5
1969	18.4	12.0	1996	2.4	2.9
1970	15.7	8.2	1997	1.0	–0.0

① 刘昌黎．现代日本经济概论［M］．辽宁：东北财经大学出版社，2008.

② 桥本寿郎，长谷川信，宫岛英昭．现代日本经济［M］．上海：上海财经大学出版社，2001：53.

续表

年份	名义增长率（%）	实际增长率（%）	年份	名义增长率（%）	实际增长率（%）
1971	10.1	5.0	1998	–1.9	–1.5
1972	16.4	9.1	1999	–0.7	0.7
1973	21.0	5.1	2000	0.9	2.6
1974	18.6	–0.5	2001	–2.1	–0.8
1975	10.0	4.0	2002	–0.8	1.1
1976	12.4	3.8	2003	0.8	2.1
1977	11.0	4.5	2004	1.0	2.0
1978	9.7	5.4	2005	0.9	2.3
1979	8.0	5.1	2006	1.5	2.3
1980	9.0	2.6	2007	1.0	1.9
1981	6.4	2.8	2008	–3.6	–4.2
1982	4.8	2.6	2009	–4.8	–4.0

资料来源：王洛林. 日本经济与中日经贸关系发展报告［M］. 北京：社会科学文献出版社，2009，417–418.

2. 管制的推行恰到好处

由于 1955 年后日本国内资金旺盛的需求，且政府旨在促进设备投资和出口主导型的经济增长，因而建构了之后一定时期的金融管制，包括业务领域管制、利率管制和外汇管制等，以此实现特定的资金需求与特定的资金供给相匹配。基于本时期日本金融市场的欠发达，导致企业“超借”、银行“超贷”，形成政府保护后者的“护送舰队”模式。不过，正是由于这样的种种管制，形成了日本独具特色的银企相互持股制度，使二者的资金来源与资金占用基本平衡，有力地促进了日本企业和银行业的稳定与发展。

金融行政的过度保护亦存在弊端，如“银行永不倒”神话下的道德风险、信息不对称前提下的寻租与设租等。但是，经由管制手段建立起来的“官银商”纵向一体化，维系日本经济发展在人力资源、财力资源和物力资源方面的和谐。尽管这曾一度被认为是日本银行业封闭性的主要表现，但以被动开放带来的这种特殊金融体制，却是以惊人的业绩感触世人

（1955—1973年期间日本年平均增长率高达9.3%）。

3. 开放与管制唇齿相依

也许有人会问：既然金融管制能够有如此神奇的功效，那还需要对外开放吗？这里不妨强调一下，日本的金融管制是基于国内资本的特定有效需求与特定有效供给之所需，也是GHQ下“道奇计划”追求的结果。也就是说，正是外来金融思想（美国）对日本金融的改造，逐步构建正常运行轨道上的日本金融体制，使开放与管制的矛盾关系得到最佳融合，并成为日本经济高速向前推进的重要支柱。尽管二者的因果关系并不具有普遍代表性，但对于特定时期的日本来说可谓是一剂既治病又健身的良药，为之后日本经济的发展打下了坚实的基础。

从另一角度来看，如果没有外生性金融体制力量的进入和推动，很难评价内生性资源配置的优劣和功过。究其根本，二战后经济处于恢复期的日本，金融肌体亦是异常脆弱和混乱。应该说，被动开放是因、主动管制是果。但从美国主导的、以建立直接金融为目标的战后日本金融改革，却以间接金融制度框架形成为之结果，这不免成为美国对日本金融改良的“失意之作”。不过，通过对日本分业经营与管理、主银行制和金融行政的形成、精炼和制度化的审读，必定让人感受到日本对外来金融思想的吸收、改良和创建的功底，更是令人对其作用于高速经济增长刮目相看。

根据西方新制度经济学的分析可以得知，经济主体合作关系的建立可以大大减少交易费用，减少市场中的不确定性并有利于降低市场风险。如何规范人们之间的不合作行为，关键取决于市场经济制度的创新，即通过建立排他性产权制度将外部性内在化。这样，微观经济组织的效率改进就成为宏观经济主体效果实现的关键因素，从而形成特别制度下共存共荣的组织和利益集团。日本在此期间的“以外建内”政策，借以美国金融制度来稳固国内的金融体系，构建相互持股式的主银行制、由内而外的开放政策和特定领域特别融资的有效政策。这些策略的制定和实施，在降低社会交易费用的同时很好地规避了金融风险，使单向对外开放与国内自利措施实现了高效对接，对于资本稀缺型、经济追赶型的日本无疑成为最佳战略决策。

二、“广场协议”

在20世纪80年代中期，日本对美国贸易黑字的不断扩大，是“广场协议”形成的直接导火索。结果是日元汇率频繁波动（以升值为主），加之日本政府保守的货币政策，导致了泡沫经济的形成、破灭和自20世纪90年代开始的经济萧条。

（一）“广场协议”的登场

以20世纪80年代为分水岭，之前日本银行业对外开放是源自“道奇计划”与日本国内经济特定形式的结晶，是被动开放和主动求适的产物；之后日本银行业受金融自由化思潮的影响，开始挑战性地放开各种规制（包括利率、经营形式等），以寻求更高级别的国际竞争力。到20世纪80年代中期，日本经济达到前所未有的繁荣：资本过度膨胀、经常项目顺差加大等，从而引发国际贸易摩擦和汇率体制争端。

1984年2月，日美日元美元委员会成立。1985年9月22日，美国、英国、法国、德国和日本五国在纽约广场饭店达成协议《日美日元美元委员会报告书》（即“广场协议”），旨在联合干预日元汇率并促使其快速升值，以缩减美国对日本贸易逆差。[①]“广场协议”的签署，改变了之前日元汇率的基本格局，进入之后日元汇率升值的时代。

（二）“广场协议”的运作

“广场协议”旨在通过日美汇率的改变，来解决由于日元不断贬值而

---

① 蔡林海，翟锋．前车之鉴——日本的经济泡沫与“失去的十年”［M］．北京：经济科学出版社，2007：9-15.

带来的日本对美国巨额贸易顺差，以此推动日元国际化和自由化步伐，提升日元资产的国际吸引力，最终扭转日美贸易失衡的格局。正是“广场协议”的签署，使日本顺应自由化、全球化的节奏开始加速，如实行存款利率自由化、放松或撤销各种管制等，以之带动日本银行业对外开放并形成融入全球银行业竞争发展的格局。

同时也应该看到，尽管“广场协议”之后的一段时间日本外贸并未受到日元升值的影响（反而有所增加），不过进入到20世纪80年代末，这种情形得到彻底翻转。“广场协议”后日元的升值，带来日本国内的“财富虚幻效应”，实体经济与日元供应量脱钩，虚拟经济呈现空前的繁荣，并使国际游资进入日本更加活跃。作为基础货币的日元从发行库大量流向业务库，以此来维持汇率的均衡，但使经济名义增长过度超过实际增长，泡沫成分得以显现，该时期银行业对外开放负效应充分得以验证，即进入之后长达20余年的萧条与恢复期。

（三）“广场协议”的影响

在日本政府签订了“广场协议”后，受美元贬值、日元升值预期的双重影响，“热钱”大量流入日本，逼迫日本银行投入本币来购买外币以维持汇率平衡，但并未防止日元的升值（由1985年9月的1美元兑换200日元到1986年4月的1美元兑换175.52日元，在半年多时间里日元相对于美元的升值幅度达到35%；到1988年初则为1美元兑换120日元，升值接近1倍），反而引发投资方向发生历史性转折，即由实体经济转向非实体经济。日本的银行业此时“超限”放贷、法人和自然人热衷于炒房炒地，形成“G—G′”（即初始资本至增值资本）的循环，而这种资本差额只是银行业增发货币所形成的，并非生产领域的贡献所致。从表面上看，似乎是G5（美英法德日）中的“美英法德”4个国家演绎的日本这种局面，但如果细细道来即可发现，日本为了扭转日元升值而屈服于美方的压力，采取的金融缓和政策导致的流动性过剩应是问题根本（因为“广场协议”

后的相当一段时期日本的贸易黑字有增无减）。

随着当时政府、商业银行与公众在资产买卖中的行动，一项“宏观—中观—微观”的投机“计划”显现并实施。由上到下的正反馈（资金支持）和由下到上的负反馈（不良资产）表明，虚拟经济与宏观调控应呈负相关关系，即虚拟经济（如股市和房市等）过于繁荣，以实施通货紧缩为宜。而日本 20 世纪 80 年代中后期热衷于“双松”（扩张的财政政策和扩张的货币政策），沿循相反方向而行。尽管这里存在美国施加的政策影响，但日本银行缺乏主见的决策态度和激进式的金融自由化是罪魁祸首。结果，光芒四射的资产运作，以股价、地价和房价飙升为“回报”，造成 GDP 缩减指数（名义 GDP/ 实际 GDP）居高不下，用“边际扭曲”来形容此时期的经济效应轨迹最恰当不过了！

开放与制度变迁有着相互促进的内在关联，后者又可促升制度与交易的有效衔接，并以买卖交易、管理交易和限额交易等形式表现出来。然而，机会主义倾向始终伴随这些形式运作的始终，如果经由产权不清晰和权责不明确等形成制度瓶颈，势必造成开放的逆向选择和道德风险。而且，影响经济增长的主要因素包括人们从事经济活动的愿望、经济制度、知识、资本、政府、人口与资源等（刘易斯，1985），它们环状关联式的作用更是经济绩效高低的重要力量。那么，日本 20 世纪 80 年代中期至 90 年代初期的大喜大悲，是否就是如上的真实写照呢?

第二节　经营主体的开放

基于日本银行业对外开放的独特缘由，相应的开放路径亦耐人寻味。“护送舰队”式的行政保护，主要演绎了后“道奇计划”时代“走出去”的开放战略；“广场协议”“金融大爆炸”和“金融再生计划”则上演了“引进来”开放战略的一幕，并助推与“走出去”的有效衔接和作用发挥，将日本银行业对外开放唇齿相依的关系表现得淋漓尽致。

一、“走出去”式的开放

战后的日本经济，借美国金融体制日本化改造而得以改观，并造就了其后与日本经济相适宜的“护送舰队”式的银行体制，并与“走出去”开放战略遥相呼应。尽管这种结合并未完全体现对外开放的理念，但由此产生的经济轰动效应不免让人大跌眼镜。

（一）“走出去”的渊源

由于战后资金匮乏，日本政府施以利率管制、外汇管制、分业经营与分业监管等行政措施，以使有限的资本为特定的目标服务。由此，貌似封闭的银行体系可以由政府对外进行外汇交易，而一般的经济体则在国内完成相关金融交易。在此期间实质上垒筑了日本国内外银行业交流的屏障，限制了资本的国际流通，旨在保护日本银行业免受外来冲击，从而防控金融风险的导入和保护民族产业。

当然，20 世纪 80 年代以前的日本银行业，开放程度均受到一定程度的制约众人皆知，也跟国际环境下的相关挑战一衣带水。尽管该时期的银行体制是经由“道奇计划”导入的美国金融体制，应该是典型开放的一种形式，但日本化后的银行体系一部分与导出方（美国）一致（如分业经营与分业监管），另外一部分却与之背道而驰（如由外及内被封闭）。

（二）“护送舰队”式的保护

1994 年 9 月之前，存款利率受到一定的管制，政府“操纵”利率的方式却给 20 世纪 80 年代前的日本经济以相当的成效，这主要得益于政府对特定产业倾斜式的支持，保证银行业获取稳定的相机性租金（即存贷利差）。1998 年 3 月之前，由于《外汇法》的明确规定，日本长期以来实行外汇管制，从事外汇交易仅限于本土银行（政府除外）。这种“护送舰队”式的大藏省管理金融方式，还通过准入限制、行业管制等来限制竞争，带有浓厚的行政保护色彩。这种局面一直持续至 20 世纪 80 年代初期，是一种以“走出去”为主的单向开放模式。

政府保护政策框架的实质是由政府分担风险，使日本的银行业免遭破产的威胁。例如，日本银行以再贷款的形式变相向都市银行提供利益补贴，降低后者的经营风险并提高其市场竞争力。日本政府对银行业的保护，结果是形成了既得利益集团，导致银行业既无风险抵御能力又无风险分担能力。这种过分保护、缺乏有效监管的“护送舰队”式金融体制，加之国际资本的大量涌入和国内大企业对本国银行贷款依赖度的下降，造成 20 世纪 90 年代银行业不良贷款大幅增加，破产兼并成为当时的代名词，反映银行政策过度政府化的后续消极影响。这里虽然存在外资银行介入日本银行业的竞争，但对日本经济最终起决定作用的仍是其本土银行。

从这一阶段的银行业开放和发展中可以看到，日本货币政策而非财政政策的真实威力，体现为日本的货币化过程完全是通过金融机制，尤其是通过银行的作用来显现的。“官商银”下的主银行制、分业经管、金融行政等，均向人们呈示了政府主控下的银行信贷扩张所形成的经济增长。尽管这种歧视性的金融管制压抑了商业银行的创新并阻碍了金融市场的发展，但毋庸置疑的是，日本依赖这样的银行垄断绝大部分金融资源的发展路径，竟然奇迹般地实现了经济腾飞，超出被动开放本身所形成的效应，不得不让人感叹：“一种管理得当的货币就是一种生产力”！

（三）论证的结果

二战后，日本银行业的对外开放重点体现为日本银行业在海外设立分支机构，通过签订和平条约和利用过剩资本来进行国际拓展。1952 年，5 家银行在伦敦和 6 家银行在纽约设立分行已经表明，日本银行业“走出去”的坚定决心，因为在国际超级金融中心实施发展战略已属超凡之举。尤其是在 20 世纪 70 年代中后期的浮动利率时代，更使经济实力增强的日本进一步延伸了自己的海外银行业，这里就包括长期信用银行、信托银行、地方银行、外汇专业银行、都市银行等。截至泡沫经济破灭的1991年，日本的海外银行业分支机构已达318家、办事处则多达424家、当地法人亦达到304家，其总数超过当时世界上任何国家银行在海外的规模。这充分说明，日本在其经济鼎盛时期银行业"走出去"的对外开放程度之深。

尽管是在国内市场前景乐观和政府后盾支持前提下的银行业国际化，使日本银行业国际评级提升、海外资产扩张迅速，然而日本政府为治理泡沫经济的通货紧缩政策所导致的价格下跌、机构破产、巨额坏账等成为20世纪90年代之后银行业的特定现象。日本银行业对海内外资产盲目扩张的默许，以及对创新需求的漠视和疏于控制下的违规丑闻等因素，均导致了日本银行业海外市场份额的流失，形成日本银行业从20世纪80年代末的巅峰之势急转直下，使得"走出去"的国际开放之果遭到重创。

二、"引进来"式的开放

虽然存在"护送舰队"下"走出去"开放模式的经济增长（包括1955—1973年的高速增长期和1974—1985年的低速增长期），然而20世纪80年代以来的金融自由化浪潮席卷全球，日本自然也涉入其中，并于20世纪80年代中后期加大自由化与国际化方面的金融体制改革。金融管制的大幅解禁带来投融资方式和手段的日趋多样化，从而促进了以创新带动自由竞争的步伐。伴随20世纪80年代中期"广场协议"的签署和运作，金融自由化和"引进来"的开放步伐进一步加快。

（一）从规制管理到自由化

从1996年10月起，所有存款利率、期限及付息方法完全实现了自由化，即所有金融商品的利率由市场供求关系决定（除禁止付息的经常账户外）。金融市场的自由化和国际化，使得企业融资由依赖银行转向依赖金融市场，使日本城市银行处于不断"脱媒"（即原依赖于银行的企业转而投向金融市场，使银行损失大批客户）的危机之中。而日本城市银行为了稳固和强化与大型企业、大型金融机构的主银行关系，借金融自由化的东风和大藏省的“保驾护航”，将原有的贷款资产通过“债转股”形式转变为股本金，从而发挥了日本城市银行神奇般的最大“股东”功效。

在 1998 年 3 月底之前，日本的法律原则上不允许国内与海外银行的外汇交易，但这一管制政策被同年 4 月修订的《外汇与外贸法》予以废除，并最终实现日本境内外资本交易自由化，进而加速了日元国际化的进程。外汇资金不断通过开放的资本账户进入日本的股市、债市等，强化金融过程的效率，这也是“引进来”式开放的不断加快。同时，它更促生了资本脱离实体的游动，经济的名义增长完全超出其实际增长，是泡沫经济“强有力”增长的温床。

到 2001 年 4 月为止，几乎废除了所有禁止兼业经营的规制，不仅银行、证券、保险、信托业务相互参入（如子公司、控股公司、全能银行等），还可以长短期融资混业运用（如城市银行除了增加向大企业提供短期融资，还重点进行了长期融资、中小企业融资，而后者曾经是长期金融机构、地方银行及合作金融机构的专长）。这种行业间藩篱的打破，促进了银行业的综合经营和竞争，实现金融资源最大程度的整合，更是体现银行职能的最佳表现，从另外一个角度吸引了外资银行进入参与竞争的有力前提。

（二）金融创新的涌现

自 20 世纪 80 年代以来，随着西方金融自由化浪潮的深入发展，金融工具、金融市场与金融制度的创新与日剧变，逐渐显现金融自由化“双刃剑”的功效。受国际金融环境变化的影响，1998 年 12 月，日本实施的新版《银行法》规定了金融衍生商品交易作为银行的附属业务，从而拉开了鼓励银行业革新并勇于竞争的序幕。2007 年，日本进一步明确金融监管目标，即提高监管质量，注重创新与监管的协调发展。从日本银行业监管机构不断推出创新措施来看，诸多衍生工具应用于商业银行的经营领域，促进商业银行在开放环境中的市场地位。

（三）日元汇率的升值

1985年9月22日，日本政府签订了“广场协议”，宣示着日本被动开放本国金融市场，这是日本对美国多年贸易黑字的联合汇率干预，由此开启日元升值的“非旨之旅”。尽管起初日本贸易顺差未受太大影响，但随后日本政府对于日元逐渐升值所采用的低利率货币政策，道出了当局对形势判断的偏差，在资本稀缺时期与资本过剩时期采用相同的政策，导致日元升值后经济的“自我摧残”。开放的前因后果形成巨大反差，既有该时期客观方面的影响因素，但主观因素的介入也是不可豁免。因此，此阶段的银行业对外开放可以视为日本金融行政和政策的“败笔”，是之后经济停滞的罪魁祸首。

无论上述哪一方面都无法掩盖日本金融自由化导致的“引进来”本质，即经济环境的演变和政府的经济行为，作为一股强大力量助推银行开放并配合银行改革政策的进行。显然，这种银行开放的方式，大部分是在日本政府主导下实施的，带有很强的主观色彩，表现为沿袭美国金融自由化历程的跟从特征。

三、“走出去”与“引进来”的协同

20世纪90年代中期以前，日本的金融自由化一直是渐进展开的。但放松管制的步伐过缓和泡沫经济后的经济萧条，使日本通过“金融大爆炸”来进行金融制度改革，加快“引进来”和“走出去”的开放步伐。通过降低或取消行业壁垒、允许以子公司形式相互渗透至对方领域等方式，将日本银行业的对外开放形成“金融无国界”的基本态势。

（一）“金融大爆炸”的促使

1996 年 11 月，日本桥本龙太郎内阁倡导的“金融大爆炸”，通过金融业的自由化、公平化、国际化等改革三原则，决定以放松并废除各种管制措施为基点，实现内外资本交易自由化，建立透明、可信赖的市场，构筑国际监管合作机制。到 2001 年前，将东京建设为与纽约、伦敦并驾齐驱的国际金融市场。① 在此期间，最引人注目的是鼓励日本银行以金融控股公司形式进行重组。

在借鉴 20 世纪 80 年代末英、美两国通过金融控股公司形式完成银行重组经验的基础上，日本政府于 1997 年制定《银行控股公司等关联法》，消除了银行重组的法律障碍，允许下属子公司经营与金融有关的业务，从而改变了自 1954 年以来银行业的准入管制。1998 年，以通过《新日本银行法》为起点，大幅度放松管制、加速金融自由化、改革存款保险制度、重组金融机构等；同年通过的《金融体制改革法案》，更是促进了控股公司的解禁和银行间的整合。如此种种，已为外资银行入股日资银行做好铺垫，是“引进来”的重要支撑。

1999 年 8 月至 2004 年 4 月，第一劝业银行、富士银行、日本兴业银行重组为瑞穗集团；住友银行、樱花银行跨越鸿沟合并成三井住友集团；东京三菱银行、三菱信托银行整合为三菱东京集团；三和银行、东海银行、东洋信托银行经营统合成三菱 UFJ 信托银行；朝日银行、大和银行等专门从事国内业务的银行合并组成里索纳银行。其中，三菱东京集团和三菱 UFJ 信托银行于 2005 年 10 月后逐步实现经营统合成三菱 UFJ 金融集团。可以说，这些为日本金融集团“走出去”进行国际竞争增添了砝码。

（二）“金融无国界”的到来

对日本直接投资的自由化、开放国内的金融市场（如股票和债券）、

---

① 张季风 . 挣脱萧条：1990—2006 年的日本经济［M］. 北京：社会科学文献出版社，2006：142-143.

外国资本流入日本银行业（即资本项目自由化）、允许外资银行进入、开设东京离岸金融市场并吸引外资银行有条件地参与、允许发行欧洲日元债券并建立欧洲日元市场等迹象表明，日本金融业过去的“走出去”战略过渡到“走出去、引进来”战略，基本形成资本流动“无国界化”的趋势。在20世纪90年代初，以日本的银行在美国设立分支机构为始端，银行业开始竞争资金来源，竞相在各大国际金融中心，如纽约、伦敦等设立分支机构，从而加快了银行业的国际化。

而且，企业融资从银行业向金融业的迈进，表明“金融脱媒”（所谓“金融脱媒”，是指在金融管制的情况下，资金的供求交易不经由商业银行这个媒介机构而成功完成，导致资金的体外循环，又称“金融非中介化”。下同）现象已成为时下关注的焦点。尤其是资本市场的日趋国际化和一体化，诞生了众多跨国企业的同时，金融机构和金融工具的衍生性和开放性正在逐步显现。着眼于全球金融市场进行资本有效配置，是日本20世纪90年代中后期及21世纪初期两次金融改革的初衷，更显示了日本欲加速银行业对外开放步伐的前瞻视野。

从制度经济学角度来分析，通过金融改革来促进对外开放，是将交易成本国际化转移和化解的最优策略，这样不仅可以满足跨国集团对于金融资本的点对点需求，还可以从国际金融市场获得低成本带来的收益。

第三节　货币的开放

货币的开放，顾名思义，主要是指货币在国际市场中不断流通，并在更大范围内发挥其价值尺度、流通手段、支付手段和贮藏手段等职能。作为日本货币对外开放的主要内容，日元的国际化和汇率形成机制的变化促进了日本银行业的国际化和全球化，从而引领其贸易、金融、经济向纵深发展。

一、日元国际化

日元国际化是后日本经济强盛时期的产物，并伴随着金融自由化而逐渐强势。但日元始终无法超越美元的国际霸主地位，甚至间断性地与英镑互位，这不免促使日本采取稳固和推进日元国际化的一系列措施，确保和提升日元的全球化竞争地位。

（一）日元国际化的现状

货币能否成为国际货币，主要取决于所属国家的经济实力。在20世纪70年代，作为世界第二大经济实体的日本，GDP、GNP、贸易顺差、外汇储备、对外债权等方面占世界比重都很大，尽管对外贷款有些为美元，但仍不能阻挡1976年日元成为国际储备货币，因为有着人均GNP接近美国1/3的日本经济实力做后盾，日元由软变硬，开始进入国际硬通货的行列。1985年，日本正式推行日元国际化，并一度超越英镑成为世界第三大国际货币，促升了东京国际金融中心的地位和作用。（见表2–2）但是，2006年以后日元被英镑反超，沦为国际第四大货币，不得不引人深思：日元国际化的跌宕起伏应该如何解决呢？

表2–2 主要国际货币的演进对比

日期	主要国际货币	说明
1961—1975	美元、马克、英镑	日元未国际化，美元是布雷顿森林体系下的核心
1976—1998	美元、马克、日元、英镑	日元成为储备货币后国际地位提升但90年后褪色
1999—2005	美元、欧元、日元、英镑	欧元的诞生，形成对美元一定的抗衡，日元未起落
2006—至今	美元、欧元、英镑、日元	欧元对美元的替代作用扩大，日元国际化地位下降

资料来源：交通银行金融研究中心．“十二五”的金融思考［M］．上海：上海远东出版社，2011：130.

（二）日元国际化的措施

资本市场国际化的规模，与一国货币国际化的程度具有趋同关系。虽然东京仍是国际金融中心之一，但日元近20年来国际地位的逐渐下滑已经表明，日元作为本币所进行的国际贸易结算（尤其是进口贸易）、金融交易和国际储备等，不仅远落后于美元，更落后于新兴发展起来的欧元，也落后于有强大伦敦国际金融中心支撑的英镑。因此，日元要做到进一步国际化，必须增加以日元为币种的国际援助、扩充东京证券交易所的交易品种、加大日元实时结算的银行网络建设、容忍贸易逆差等。

日元经历的国际货币巅峰时期和滑落时期，已给日元国际化予以警示：加强周边对外交流和友好相处，以增加相互贸易和货币兑换；推进政治、经济、社会等方面的改革，创造良好的国内投资环境，保证货币的流入流出渠道畅通。降低交易成本、规避日元汇率风险、提高国际交易份额、完善金融配套设施等，已成为未来日本银行业亟待解决的课题。要想重新回归世界第三大国际货币，甚至有所突破，在重振经济的同时力求打造和谐亚洲、放眼全球的金融战略，使日元的输出入成为国际间日常交易的必备手段。这样，日元国际化步伐的加快，必与银行业对外开放相辅相成，从而拉动日本乃至世界经济的快速增长。

（三）日元国际化的前景

日元的进一步国际化，需要在美元、欧元和英镑中突出重围，这要面临诸多方面的阻力：一是本国GDP占世界GDP的比例降低，20世纪90年代前日本GDP只略逊于美国，而之后日本经济的步履蹒跚，已经失去日元国际化竞争的基础；二是“隧道视野”的影响，包括政治上不能与相关亚洲国家深入友好、贸易上强调顺差多于逆差等；三是汇率波动的冲击，尽管日元升值有利于日元国际化，但日元升值与贬值之频繁，不免使日元国际化之路充满荆棘。

针对国内外日益变化的环境，日本应该提升欧洲日元的广度和深度、支持武士债券（即外国的政府、金融机构和工商企业等在日本金融市场上发行的以日元为计值货币的债券）的发行与流通、促进以日元为本币的国际贷款和无偿援助、完善日元交易和兑换的各种政策等。美元尽管一直以来一统天下，但欧元的强有力冲击使其不可小视。那么，日元是否也应该参访欧元的做法对美元形成进一步的国际化威胁呢？日元2006年的国际地位已经和应该促醒日本政府和金融界，大力提升日元国际化的速度和质量，以此带动区域和全球银行业的相互开放和经济增长责无旁贷。

二、汇率形成机制的变化

日元汇率的跌宕起伏，已成为世人皆知的热门话题。既有春意盎然似的固定汇率，又有身不由己的浮动汇率。内部与外部、主观与客观、升值与贬值等的相互交织，犹如叩人心扉的一部影片，成为影响银行业对外开放的重要因子。

（一）“道奇计划”下的汇率制度

1949年4月25日，“道奇计划”规定了1美元兑换360日元的官方汇率，从而拉开了布雷顿森林体系[①]下固定汇率的序幕，它是美国汇率思维日本化的显现（因为布雷顿森林体系和“道奇计划”都是美国的“杰作”）。在这一时期，源于日本政府“护送舰队”式的金融管制，包括分业限制、利率限制、资本外流限制等，保证了日元汇率稳定在360的水准，在防控外部因素冲击国内金融和经济发展的同时，有力地支持了日本重点

① 布雷顿森林体系——1944年7月建立，规定了美元与黄金挂钩、各国货币与美元挂钩的制度，并成立国际货币基金组织作为国际货币体系的核心，但美元以外的国家需承担本国货币与美元的汇率稳定义务。

产业对于资金的需求和出口的增长，从而形成至1971年日本经济像“高速飞驰的列车”一样的局面。

显然，日本的这种稳固汇率水平是外部环境因素（布雷顿森林体系的实施）和内部环境因素（融资限制措施的出台）共同作用的结果，实行“SWOT”分析[①]下的增长型战略毋庸置疑。那么，这种汇率结构域经济高速增长的和谐架构一直维持下去不是很理想吗？客观出乎主观的意外，因为构成汇率基本平衡的内外因素受到一定的冲击，如美国等西方国家的压迫、国内国债市场和银行机构同金融制度的矛盾等，导致日元汇率进入“内驱外推”下的波动格局。

（二）多种干预下的汇率波动

日元的固定汇率制伴随着一系列事件的干预而解体。1971年12月日元汇率由1美元兑360日元升值到308日元，并受1973年2月美元再次贬值的影响而正式实行浮动汇率制。截至2011年10月26日，日元汇率已为1美元兑75.98日元，升值幅度之大（中间部分时期呈现贬值），尽管为日元国际化做好了铺垫，不过日本经济长达20余年的萎靡不振，着实令日元升值的含金量不敢“恭维”。（参见图2–1）

首先，“尼克松冲击”成为汇率波动的首要因素。1971年8月15日，美国总统尼克松宣布美元不再与黄金挂钩，即美元不等同于黄金，宣告布雷顿森林体系的瓦解和浮动汇率时代的诞生，因此被称为“尼克松冲击”。日元汇率亦经由此拐点随即开始了前后不同的发展时期，标志着它还会受其他因素的影响而进一步波及经济的发展（实际上，日本经济由此从高速增长到了平稳增长）。

其次，“石油危机”加剧了汇率的频繁波动。石油危机的爆发（1973

① “SWOT”分析——S（Strenghs, 优势）、W（Weakness, 劣势）、O（Opportunity, 机会）、T（Threats, 威胁），前两个要素是内部因素，后两个是外部因素，并分别是处于一个坐标体系的四个象限：第一象限是SO组合、第二象限是WO组合、第三象限是WT组合、第四象限是ST组合，依次对应四种经营战略：增长型、扭转型、防御型、多种经营型。

年和 1978 年），激发了日本改进技术以减少依赖石油的不良影响，奇迹般地促进了日本汽车的出口。大量顺差的出现，削弱了美元的地位，促进了日元的升值（当然前期的 1973—1974 年和后期的 1978—1979 年尚处于贬值阶段）。

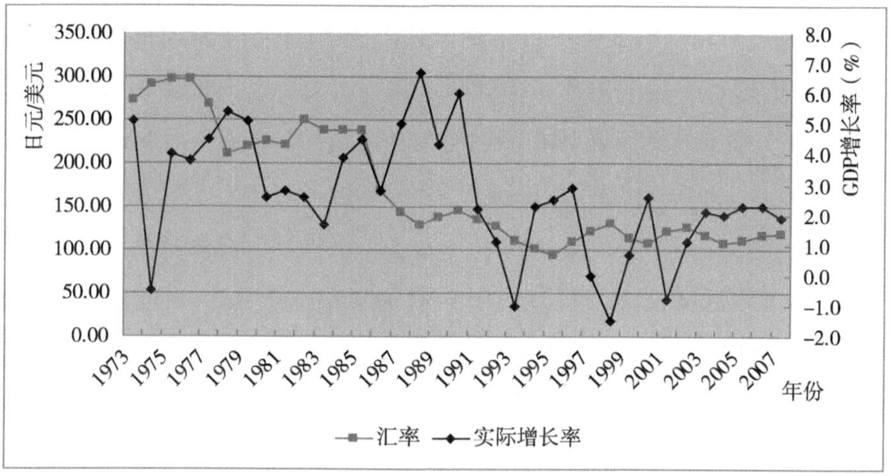

图 2-1　1973—2007 年日元汇率 & 实际 GDP 增长率

资料来源：

1973—1979 年日元汇率的数据出自，田愉. 战后日元汇率走势回眸［J］. 国际金融研究，1998：17-19.

1980—2007 年日元汇率的数据出自，王洛林. 日本经济与中日经贸关系发展报告［M］. 北京：社会科学文献出版社，2009：328.

实际 GDP 增长率的数据出自本书之表 2-1。

再次，“广场协议”怂恿了汇率的升值趋势。进入 20 世纪 80 年代后，受金融自由化的影响，日本出现了资本流出大于流入（资本账户大于零）的景象，在促升日元进一步国际化的同时引发了汇率贬值。同时，日本政府推进“硬通货”各项措施的具体落实，也使日元汇率在 1984 年以前趋于坚挺，从而大大促进了日本的出口（尤其是对美国顺差的扩大）。1985 年 9 月 22 日，美国、英国、法国、德国和日本五国在美国纽约广场饭店签署的旨在人为促进日元汇率升值和美元汇率贬值，以减少美国对日本外贸逆差。屈于美国等西方的势力，日元汇率节节攀升，并被迫放开国内金融市场。这样，大量的游资流入带来日本银行过分投放流动性（如低利率甚至零利率），并导引资金非正常流动，并引发资产大量泡沫，使虚拟经济远远超过实体经济，从而进入20世纪90年代经济萧条的时期。

最后，经济萧条和金融危机导演汇率的进一步波动。20世纪80年代中期由美国低利率和日本低汇率引发的所谓“货币外交”，导演了自20世纪90年代初期开始的日本经济萧条，在汇率于1995年升值有史以来的最高点时，也宣告了日本企业出口受阻、银行“惜贷”、企业和银行接连破产等。1997年6月始于泰国的亚洲金融危机，又在促使汇率进一步波动（1997年6月1USD=115JPY，1998年4月1USD=133JPY）①，从而为日本的经济增长蒙上一层阴影；2008年9月始于美国的国际金融危机，又将日元汇率拉向了波动的泥潭，日元汇率升值幅度基本达到1995年时的最高水平，使苟延残喘的日本经济雪上加霜。

（三）汇率机制与银行业对外开放的关系

汇率的波动，既可以成为促进银行业对外开放的积极因素，又可以成为阻碍银行业对外开放的消极因素。1971年12月以来日元升值带动的汽车业出口（即“二律背反”②）表明，国际结算、离岸金融、货币兑换和外汇储备等均在促使日本银行业进一步跟进，加大银行与企业、银行与银行的国际沟通，提升银行业的国际竞争地位。同时，对于资本账户处于开放状态的日本来说，日元升值会加大外资的进入，这将考验并敦促日本的金融市场，尤其是东京作为国际金融中心的竞争力。例如，“广场协议”中要求日本进一步开放本国金融市场的条款，足以说明日本银行业应迎对外资“引进来”的挑战。

当然，20世纪90年代以后，美国经济的高增长和日本经济的持续低迷、美国较高的利率水平和日本趋于零的利率水平等，均使大量资本流入

① 徐洪才.大国金融方略——中国金融强国的战略和方向［M］.北京：机械工业出版社，2009：29.

② “二律背反”—— 一件事情的发生而另外一件事情不发生，但后一件事情却意外地发生了；反之亦然。

美国，并形成美元的强势而日元的弱势。这样，不仅不利于日元国际化地位的提升，而且使银行业的开放层次大打折扣，因为不管是外汇储备、外贸结算、货币兑换等，人们都不会愿意支持劣势货币。这势必造成民众抛售日元、降低投资、贸易减少等发展态势，必然引发银行业对外开放规模的收缩。

本章小结

日本银行业对外开放经历的制度变革开放、经营主体开放和货币开放，均是外国势力挤压的结果。从“道奇计划”带来的美国金融意识、源自英美金融自由化思潮的影响、“广场协议”下的日元汇率波动（以升值为主）、始自泰国的亚洲金融危机和发端于美国的国际金融危机等，不仅将日本由“走出去”过渡到“引进来”进而实现二者并重，而且推进了日元国际化的步伐（20 世纪 80 年代是日元国际化的鼎盛时期），从而有力地推动了货币开放带动贸易、投资和金融等领域的深度开放，将银行业开放提升到了新的、更高的层级。

诚然，日本银行业对外开放水平的提高，可以全方位解决日本在全球经济一体化过程中的竞争力问题，但日本一路走来为此所付出的代价不容忽视。先是以美国为首促成的“广场协议”，使得日元汇率基本处于飙升趋势，虽然促进了日元国际化，但更值得一提的是引发国际“游资”的流入和国内货币政策的失误，偏离了经济正常发展的轨道；再是 20 世纪 90 年代日本经济萧条的应对政策，在美国与日本不同的国内背景下展开的，更加促使正常资本流出日本，导致日元汇率贬值，降低日元国际化的有利地位；还有 2008 年国际金融危机所带来的美国数量宽松的货币政策，形成日元新一轮大幅升值，并对日本外债偿还、汇率稳定和对外投资等再次产生影响。因此，日本银行业对外开放的相关职能履行亦扑朔迷离。

第三章　中国银行业的对外开放

1978年12月，中国实行改革开放政策，消费、投资、进出口的开放度逐步推进。同时，银行的体制改革和对外开放也随之不断扩大，并迅速融入开放的世界经济体系中。加入WTO和自21世纪10年代以来，非金融机构、金融市场的改革均在推动中国银行对外开放向纵深发展。从20世纪80年代初引进外资银行开始，再到21世纪初实行走出去的战略，中国银行业不仅通过机构、参并股等形式引进了资本、技术、管理，而且还使中资银行参与海外市场竞争。更重要的是，2006年12月全面开放后，中国对外资银行进行经营模式的法人化转型，不但提高了外资银行在中国的市场地位，而且提升了中外资银行有效竞争的层级，促进了资本的最优配置。尽管仍要面对诸多国际挑战，但开放战略促使了中国银行业深化改革、加快了金融自由化和实施战略转变。

第一节 “扬帆之源”

伴随经济一体化、金融全球化和国际贸易的深入发展，尤其是自20世纪90年代以来以前所未有的广度、深度和速度展开，中国银行业适应了实体经济的国际资本流动、兼并发展的竞争空间、金融自由化的顺势利导，以及针对新兴资本流向改变的驱使。在中国成为WTO第143个成员国后，主客观因素敦促银行业更加有序、高效地对外开放。

一、“环境文化”的促升

中国银行业的对外开放，是在国内外环境中出现的机会、威胁与其拥有的优势、劣势相互融合，并结合本国改革开放的宏观环境及银行业竞争供给的中观环境之基础上逐步开展并不断扩大的，是环境变化推动的必然结果。

（一）宏观改革开放的同步需求

1. 国际环境的要求

贸易、直接投资、科技等的跨国快速发展，推进世界市场与各国生产一体化，促使国际资本加快流动，银行业服务势必由封闭走向开放。1973年，美国发展经济学家麦金农（R.I.Mckinnon）和爱德华·肖（E.S.Shaw）分别提出金融抑制和金融深化的理论后，[①]金融自由化开始遍及全球，为资本的国际有效配置提供了支持。受这些有利因素的不同影响，相当一些国家的银行业均以办事处、分行、子公司、法人银行等形式参与国际竞争与合作，以国际环境创造的机会带动东道国银行业开放效应，进而推动宏观经济的发展。

然而，由于金融自由化浪潮推动资本的自由流动，国际游资开始以“投机性、短期性、损伤性”的身份粉墨登场，冲击东道国的非实体经济（如证券、房地产、股票等）而无益于实体经济。而且，金融危机区域性或全球性的频繁爆发，更加挑战一国监管体系的坚固性和宏观调控的有效性。此外，欧洲主权债务危机与金融体系脆弱性的相互溢出效应凸显，造成银行再融资压力加大；美联储、欧洲中央银行及日本银行等实施量化（或宽松）的货币政策，并由这种流动性增加演化为新兴经济体输入性通货膨胀。这些均在促使银行业对外开放关注更多影响因素，以消除开放进程中的隐患。

2. 国内因素的诱导

银行业对外开放在中国的不断推进，源于改革与发展的客观需要，并

① 张红．金融自由化与中国银行业的竞争和发展［M］．上海：上海财经大学出版社，2009：1.

根据国内银行业的发展现状，采取循序渐进的方式积极稳妥地放开。首先是20世纪70年代末改革开放的思潮，奏响了银行业与国家宏观对外开放的同步曲；其次是随着计划经济向市场经济的转型，银行业从一元体系过渡到多元体系，并实现企业化、商业化、股份化；再次是中国加入WTO的促动，使得银行业能够面对新的国内外竞争环境。银行服务于经济，经济促进银行发展。中国改革开放40多年的政策与环境以及较完善的监管体系，是银行业对外开放的先导和支撑，同时二者更能彼此促进、携手前行。

但是，中国经济发展过程中产生的一些现象又在引人深入思考：外资银行资本的国内化和本国银行资本的国际化，其内在价值如何来体现呢？这些现象包括：企业欲淘汰落后产能以实现前沿绿色产业经济（低投入、低排放、高效率），却苦于商业银行资金供给与此类企业需求不能同步，而耗能高、污染排放高的产业却能得到资金的同步支持，这就出现了“二律背反”的奇怪格局，即投融资政策体系的缺失。而且，传统产业的就业、产值和资本均高于新兴产业，使得后者无法如期实现向现代产业的进军，根本在于传统产业产能过剩、要素生产率下降，而资本密集型的新兴产业，其中长期发展需要大量的资本支持，但融资机会极其有限。本土银行的国际化是否应该建立在满足必要领域资金需求的基础上来实施，而国家关于引进外资银行的战略政策，是否也应考虑这些外资更多倾向于可以实现产业升级和结构优化的领域，以实现经济的均衡发展呢？

（二）银行业竞争力的国际需求

银行机构在市场份额、预期效益、长远发展等目标的驱使下，必然面对来自本行业内部强有力的竞争，使得产业链上各相关要素拓展空间受限。（参见图3–1）

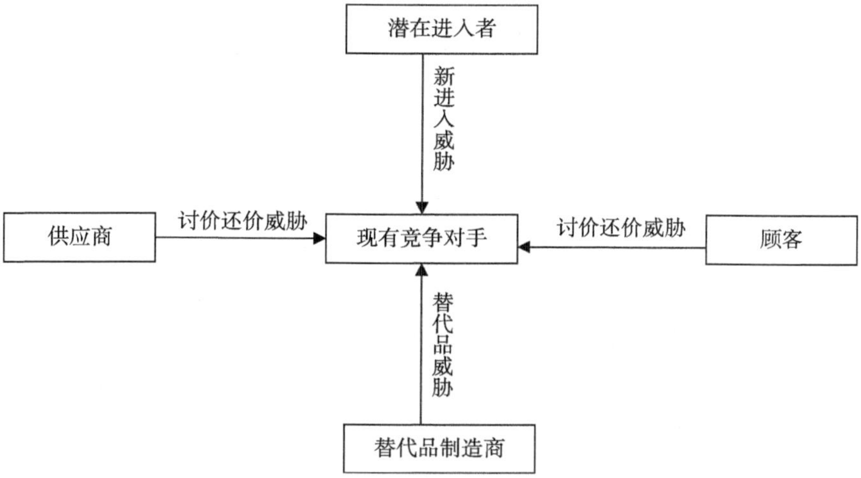

图 3–1　驱动银行机构竞争开放的力量

资料来源：张红. 金融自由化与中国银行业的竞争和发展［M］. 上海：上海财经大学出版社，2009.

银行业经营机构面临的竞争力量因素包括：一是现有竞争对手（银行横向之间的比较）；二是供应商（银行机构的上游部门），主要指监管机关以利率上限、外汇限额等制度措施进行管制，而接受监管的银行机构则在存贷规模上缩小了发展空间；三是顾客（银行机构的下游部门），主要指存款方和借款方，前者以银行机构不能提供存款者所需的服务和支持而跳转银行，后者则因经营不善而不能偿贷；四是潜在进入者（新进入的威胁），主要指欲进未进的中外资银行机构，它们对现有银行机构的经营态势及时关注，一旦出现机会就立刻进入与其展开竞争；五是替代品制造商（产品替代的威胁），主要指银行结构提供的服务和产品如果不能满足相关利益者的需求，则具有类似功能的产品就立即补进，将原有银行产品和服务挤出竞争行列之外。

在中国银行业的改革进程中，也正是由于不断地出现了这些竞争因素，造成银行机构在国内的市场占有率和经营收益率不容乐观，遂将矛头转向环境、条件比国内好的海外求得生存、发展目标的实现。同时，国内银行竞争力形成的金融产品需求，使外资银行不断地涌入，为中国银行业经营既提供了机遇又提供了挑战。因此，银行业通过提升自身的市场竞争力，来实现规模经济效应和范围经济效应，势必进行国际银行业的竞争与合作。

二、“三驾马车”的驱动

中国宏观进行的改革开放，促成了银行业改革开放与其并驾齐驱，加快了银行业不良资产清理、资本充足达标、风险调控体系等体制机制的建设步伐，推动了银行业总体实力的提高。被称为“三驾马车”的消费、投资、出口，一度成为提升国家GDP的重要砝码，是见证经济实力快速上扬的主控因素；同时，三者也是银行业对外开放进程上的加速器，将“银行助推经济、经济促进银行”体现得淋漓尽致。

（一）消费需求

40多年来，随着中国银行业改革开放的全面推进，加之中国经济发展的日益深化，呈现出消费者对银行的消费需求多样化、消费行为国际化。就多样化而言，消费者不仅要求银行能提供存款、贷款、支付与结算等传统业务，而且要求银行提供更多个性化的服务需求，实现金融资产从安全、保值生息到盈利工具的转型，例如：投资理财、金融咨询、风险管理等；就国际化而言，中国个人、企业等全球化扩张需要银行及时提供跨国财务管理服务，比如：跨境支付、外汇保值增值等，这就要求政府进行相应的变革以满足银行业国际经营管理的需求。

同时，在中国境内的外国自然人、法人及其他机构，存在着诸多消费需求，需要外资银行为其提供外币的专项服务。引进外资银行既是满足微观主体的消费需求，也是东道国引进资本、技术、管理、制度的良机，从而促进本土银行国际竞争力的提升，并使之成为中资银行业国际化发展的纽带。当然，如果中国对外资银行的监管体系随之不断健全，在发挥监管机制的最大功效的同时定会使经济达到新的均衡点。

（二）投资需求

如果本国向外国直接投资，势必造成本国资源向外国的转移，包括资本、技术、管理、人力等，相应的金融资本与这种情形同步。此时，银行业对外开放会提供诸如融资、汇兑、结算等本外币服务，构成产业与资本的和谐统一，促进相关行业的协调发展。类似的，如果外国向本国进行直接投资，则会向本国输出资本、管理、技术、人力等，同样需要外资银行予以支持。这时，不仅通过企业直接投资为东道国增加 GDP、就业、进出口等，还会通过引进外资银行的方式为中资银行提供良性竞争、公司治理模式、人员培训等潜在内容。若本国通过购买证券等方式向外国进行间接投资，则主要表现为外汇对外输出，需要相应的办理外汇的银行与之对应，因而强调银行相互开放的重要性；反之亦然。

根据如下处于开放条件下的国民收入恒等式

$$AD = C + I + G + NX = C + S + T + K_r = AS \qquad \text{式（3-1）}$$

其中：AD 代表总需求或总支出、AS 代表总供给或总收入，C 代表消费，I 代表投资、S 代表储蓄，G 代表政府购买、T 代表税收，NX=X-M 代表净出口、K_r 代表本国居民对外国人的转移支付。如果一国经济处于均衡状态，即式（3-1）成立，则有 I=S（投资 = 储蓄）。换句话说，有多少储蓄即有多少投资、有多少投资应有多少储蓄，这样形成等价对应。当根据储蓄的多少进行对外投资时，就需要与外资银行进行本外币兑换与结算，外资银行或本土银行走出去与东道国银行进行交易，都会形成本国银行的走出国门，形成或加快银行业的对外开放；当根据投资决定储蓄时，就需要本国银行或外国银行及时地跟进来补充这种投资资本，通过银行业对外开放促进产业资本的加速融通，以此带动进出口贸易的成长。

（三）出口需求

作为拉动经济增长“三驾马车”之一，出口一直对中国经济快速发展具有重要意义。随着中国对外开放的逐步深入，贸易融资开始占据跨国企业显要的位置。为应对与日俱增的经贸往来，中国进出口银行得以成立，为中国机电产品和成套产品出口并提高国际竞争力进行政策性资金扶持。而且，进出口银行较好地发挥了政策导向作用，进一步推动了企业的跨国经营，带动了相关产业国际化发展，进而引领其他银行机构国际化，提升了银行业“走出去”的层级。

对于中国这样一个长期以出口导向型为主的国家，商品和服务出口的增速，意味着中国银行业国际经营水平的提速。尽管由此带来汇率风险、市场风险、流动性风险等冲击，但由于多年改革开放的经济底蕴以及银行业公司治理水平的提升，使银行业更有鉴别力地推进对外开放。1997 年始于泰国的亚洲金融危机、2008 年始于美国的国际金融危机均已向世人表明：中国银行业的对外开放经得起风险的考验，“以危机促改革、以改革促开放、以开放促增长”得到了进一步的证实。因此，出口促进银行业开放，后者反过来又促进前者增加，这样相互促进因而带动中国经济的增长。

三、“金融脱媒”的导引

始于 20 世纪 60 年代美国的“金融脱媒”，最初因为金融中介的利率管制，使存贷者转向货币市场和资本市场融通资金。然而，到了 20 世纪 80 年代中期以后，由于放松管制和信息技术的发展和应用，融资活动从传统商业银行向非银行金融机构、金融市场转移的现象愈演愈烈，从而进一步加剧了银行业的竞争。随着这种竞争的日趋激烈，银行业逐步形成了百舸争流的格局。它们纷纷跳出国内狭隘的领域，寻找国际化的提升空间；

国内金融系统的活跃与供需空缺，吸引了海外金融机构的踊跃融入，进一步促成了银行业对外开放的战略实施。

（一）非银行金融机构

在不断变化的金融系统中，非银行金融机构逐步获得日趋扩大的市场份额。在资产方面，它们通过贷款利率低和形式种类多来吸引众多筹资者，以改变客户对银行的忠诚度；在负债方面，它们则提供与银行存款相近的新型金融产品（如共同基金、年金型保险产品等），吸收了大量的成本低而又稳定的存款。如此种种变化，造成银行业经营受限，使资产、负债分别占金融总资产、金融总负债的份额呈现下降的趋势。

近年来，非银行金融机构表现出如下特点：一是信托投资公司呈现的多类型信托品种，如证券投资型、股权投资型、资金贷款型、准资产证券化型、资产转让受益权型等；二是监管机构依法鼓励有真正实力和需求的机构进入融资租赁公司；三是 TCL 集团财务有限责任公司引进东亚银行；四是为履行加入 WTO 承诺而设立中外合资和外资独资的汽车金融公司；五是货币经纪制度（公司）的引入，顺应了金融市场的发展和扩大了金融业的对外开放。这些均改变了国内外资本的配置格局，将中国银行业的经营与发展推向国际化，以此开拓生存和发展的新空间。

（二）金融市场

金融市场作为筹资者和投资者融资的直接场所，加快资本由剩余方到稀缺方的流动，运营成本降低（包括固定成本和变动成本，前者如房屋、设备等，后者如人员、时间等）、经营效益提高（由资本流通速率快所带来的规模效益、范围效益）是对其作用的最好表述。与金融市场的灵活性、便利性等相比较，金融机构（或中介）通过作为投资者（存款方）和筹资者（借款方）枢纽的方式，发挥资金应有的配置职能。

随着全球经济一体化的加速，对金融支持经济的效率和效果提出了新的要求，使众多资本供需各方纷纷转投直接金融来强化自身竞争力。金融市场拥有客户的增加，亦即金融机构市场份额的下降。银行作为金融机构的主体，在本国市场结构不断变化而市场力又得不到提高的情况下，将发展目标瞄准海外金融市场，通过引进外国的资本、技术、管理和培训等来重新进行战略定位，应是充分利用环境提供的机遇和自身优势以及避开环境可能的威胁和自身劣势的抉择。这种“金融脱媒”式的金融自由，推动金融创新工具的涌现，对银行业国际化经营起到推波助澜的作用。

四、加入“WTO”的联动

2001 年 12 月 11 日，中国正式加入世界贸易组织（WTO），中国在更大范围、更深程度上参与经济全球化，随之而来的是由市场准入引发金融业更激烈的竞争。所谓市场准入是指放松金融管制，允许外资银行进入本国金融市场，同时鼓励本国银行进入国外金融市场。尤其是 WTO 的基本原则和金融服务协议，连同国际日益多变的贸易和金融环境，更加促使银行业有条不紊地推进对外开放。

（一）“WTO”的承诺条款

加入 WTO 后对银行业开放的承诺，中国在相应的职能领域取消诸多限制，并有计划、有步骤、积极稳妥地引进外资。同时，取消外资银行人民币负债不得超过外汇负债 50% 的比例；放宽对外资银行在境内吸收外汇存款的比例限制；取消对外资银行在华经营的非审慎限制。①

① 付胜华 . 中国银行业对外开放现状及政策建议［J］. 中央财经大学学报，2008（2）：48.

表 3–1　后 WTO 时代中国银行业对外开放的承诺

时间	外币业务	人民币业务		汽车消费信贷	金融租赁
		客户	地域		
加入时	可向中资企业、居民办业务	可向“三资”企业办业务	上海、深圳、天津和大连	对外资非银行金融机构实行国民待遇	对外资金融租赁公司实行国民待遇
1 年之内	可向中资企业、居民办业务	可向“三资”企业办业务	广州、珠海、青岛、南京和武汉	对外资非银行金融机构实行国民待遇	对外资金融租赁公司实行国民待遇
2 年之内	可向中资企业、居民办业务	可向中资企业办理业务	济南、福州、成都和重庆	对外资非银行金融机构实行国民待遇	对外资金融租赁公司实行国民待遇
3 年之内	可向中资企业、居民办业务	可向中资企业办理业务	昆明、北京和厦门	对外资非银行金融机构实行国民待遇	对外资金融租赁公司实行国民待遇
4 年之内	可向中资企业、居民办业务	可向中资企业办理业务	汕头、宁波、沈阳和西安	对外资非银行金融机构实行国民待遇	对外资金融租赁公司实行国民待遇
5 年内全面实行国民待遇	可向中资企业、居民办业务	可向所有中国客户办理业务	取消所有地域限制	对外资非银行金融机构实行国民待遇	对外资金融租赁公司实行国民待遇

资料来源：魏本华，李德，景学成. 中国金融新框架［M］. 北京：机械工业出版社，2010：433.

中国加入 WTO 后，国内的金融市场是中外资银行的混合体，在相互竞争与促进的前提下达到资源整合的目的，进而将中国银行业对外开放的水平推向更高的层级。随着开放的深入展开，中资银行的现有优势（如机构网点多、政策优惠等）可能变为未来劣势，而外资银行的潜在优势（如信息技术高、东道国进入壁垒的消除等）将得以展示和强化，这样的中外资银行竞争态势势必更加变化莫测。

然而，中外资银行良莠不齐的格局会伴随中国银行业的变革而逐渐改善：监管国际化提高、公司治理结构优化、先进技术的引进等，将逐步抵消由于全面开放所带来的压力和风险，并最终通过宏观有效调控和微观积极治理，将中外资银行的竞争结构由目前较高的不确定性、横向缺乏沟通提升为可控的、高效的、有序的银行文化环境。

（二）国际竞合的迫切需求

2008 年 9 月 15 日，美国雷曼兄弟集团的倒闭向世人宣示，银行业对外开放中潜在的风险始终存在并随环境的变化而变化。银行风险无处不在，那么是不是通过抑制开放进程（即封闭经济）来消除风险呢？不。基于相对脆弱、公共利益基础上的银行业，在考虑对外开放的深度和广度时，更应关注银行业自身的优势和劣势以及国内外环境赋予的机会和威胁，借创新监管工具来促升银行安全、导引利益均衡、强化资本流动。在开放中识别、衡量风险，以风险促创新、以创新促发展、以发展促开放，以此形成银行业开放与发展的良性循环。

国际经济形势的日新月异，推动产业结构的调整和升级，原材料、生产、仓储、营销等供应链化管理日益紧密。同时，“JIT”（Just In Time，及时制）式的服务已经成为当今乃至今后一个时期消费者对供应商的基本要求。在摒弃货币仅作为流通手段即“商品（W）—货币（G）—商品（W′）”的情形下，已经形成“货币（G）—商品（W）—货币（G′）”式的资本流通，达成“为买而卖”向“为卖而买”的过渡。增值货币（G′）目标的实现，需要对国际供应链上各节点进行资本注入（即初始货币 G），而做好它则需要银行业通过对外开放的形式使资本自由流动。实时拥有资本的使用权，便于企业在激烈的国际竞争中把握主动权，也是银行业通过发挥其配置职能并构建新型收益机制的主旨所在。

因此，国际环境的极富挑战性，已向中国银行业发出信号：“故步自封者倒退、对外开放者前进”。适应环境旨在趋利避害，是在开放进程中需要体察的重点，更要以开放中加强监管创新、循序渐进、提高素质、培育银行文化等措施积极引导银行业对外开放进度。

第二节　演进历程

自改革开放初期，日本输出入银行在北京设立第一家外资银行代表处开始，中国陆续通过机构整合、股权参与、经营模式转型及相关自主调控措施的运用，积极引进外资银行金融机构的资本、技术、管理，促进中国银行业的良性竞争并以此带动治理结构的改善和体制机制的升级。加入WTO后的中国，在银行业对外开放方面更是加速了外资银行引进的步伐，并呈现出外资银行频繁参股中小商业银行、城市商业银行的积极态势，为后者“走出去”做好了铺垫。

同时，中国政府通过对四大国有商业银行注资、剥离不良资产的方式进行“健身”，并借以体制外股份制商业银行、政策性银行、股份制改造等措施来增强国有商业银行的竞争力，使其竞相国内外公开上市、建立海外分支机构、参股与并购海外金融机构等，实现了中国银行走出国门并融入全球竞合的战略构想。而且，股份制商业银行纷纷在海外公开上市融资，亦带动相关组织体提升经营管理水平和治理结构升级。

一、“引进来”稳步开展

中国对外资银行的开放基本与国家改革开放同步，独资、合资、参股和分行等形式的外资银行相继进入中国境内，并从最初的“引资”过渡到“引智”“引技”“引制”，由表及里。在中外银行业相互建立利益共享、风险分担机制的前提下，受中国加入WTO的驱动，外资银行经营地位发生实质变化，实现了竞争格局的多样化。

（一）引进境外机构投资者

通过引进境外战略投资者，实现经营机构、股权的多元化，建立股东大会、董事会、监事会和高级管理层之间各司其职、有效制衡、协调运作的公司治理结构，推动经营管理理念、资本约束、风险调控、业务水平和金融创新水平的提高，综合竞争力明显提升，促进中国银行业改革深化和可持续发展。

1. 自设机构

以日本输出入银行、南洋商业银行（香港）进入中国金融市场为契机，拉开中国引进外资银行的序幕。随后，各外资银行纷纷在中国设立代表处或分行，经营的地域和业务范围逐渐拓宽，具体表现为从经济特区到沿海开放城市、从非营业性机构到营业性机构。在此阶段，初步改革外汇管理体制，并对出口企业实行外汇留成制度，1993 年，颁布了《外汇调剂市场管理规定》，从而进一步规范中国外汇调剂市场的相关活动。

1994 年，《外资金融机构管理条例》颁布和实施，外资银行逐步从沿海走向内地经营。1996 年，中国接受《国际货币基金协定》第 8 条，并正式成为其成员国，从此开始人民币经常项目下的可兑换，建立起新外汇体制的基本框架，并允许外资银行在上海浦东试点经营人民币业务。随后由于受到亚洲金融危机的影响，外资金融机构进入中国的步伐处于调整发展期。1999 年之后，人民银行取消外资银行的区域限制，外资银行可以在中国所有中心城市设立营业性分支机构。

截至 2001 年年末，外资银行营业性机构 190 家，其中：外资银行分行 158 家（下设支行 6 家）、当地注册金融机构 19 家（下设分行 7 家）、在华外资银行代表处 214 家。

2. 合资

在批准外资银行设立营业性分支机构的同时，首家中外合资银行——厦门国际银行，于 1985 年 11 月 28 日在厦门经济特区正式成立。它是由中国工商银行福建省分行、福建投资企业公司、厦门经济特区建设发展公司和香港泛印集团四方合资组建，其中：中方占股 51%、注册资本 8 亿港元、首期实收资本 4.2 亿港元，之后于 1991 年 10 月引入亚洲开发银行、日本长期信用银行和美国赛诺金融集团 3 家外资股东。其后又出现了多家

中外合资银行。（见表 3–2）

表 3–2　中外合资银行情况表

<table>
<tr><th>日期</th><th>合资银行名称</th><th>中资银行</th><th>股权结构</th><th>外资银行</th><th>股权结构</th><th>现状</th></tr>
<tr><td rowspan="2">1992.7</td><td>上海巴黎国际银行</td><td>工行上海分行</td><td>50%</td><td>法国巴黎银行</td><td>50%</td><td rowspan="2">中方出售
外资独资</td></tr>
<tr><td>青岛国际银行</td><td>中国工商银行</td><td>50%</td><td>韩国韩一银行</td><td>50%</td></tr>
<tr><td>1992.12</td><td>福建亚洲银行</td><td>中行福建信托
咨询公司</td><td>50%</td><td>香港中亚财务
有限公司</td><td>50%</td><td>中外出售
中方民营</td></tr>
<tr><td>1993.5</td><td>华商银行</td><td>工行深圳分行</td><td>30%</td><td>香港华人银行
香港中旅集团各持</td><td>40%</td><td>中方出售
外资独资</td></tr>
</table>

资料来源：刘诗平. 三十而立——中国银行业改革开放征程回放（1978—2008）[M]. 北京：经济科学出版社，2009：95–96.

2003 年 10 月，开业 10 年后的中外股东合作银行——上海巴黎国际银行，工商银行出售其全部股份，由法国巴黎银行独资经营。2003 年 12 月，中国平安保险（集团）股份有限公司旗下的平安信托投资公司和汇丰银行收购福建亚洲银行 100%股份，占股分别为 73%、27%；2007 年 2 月，汇丰银行出售其全部股份，最终福建亚洲银行被重组为一家以民营资本为主体的中资全国性股份制银行。2004 年 12 月，工银亚洲购买华商银行 100%股权，使华商银行成为一家港资独资银行。

3. 参股

1994 年，人民银行《关于向金融机构投资入股的暂行规定》明确禁止外国金融机构投资中资银行，这是中国最早规范入股中资银行业金融机构的政策。在现实中，只有国际金融机构如亚洲开发银行和国际金融公司（IFC）入股了光大银行、上海银行和南京银行。从 1996 年中国光大银行引进亚洲开发银行开始，中国银行业股权对境外机构投资者开放。到 2001 年年底，人民银行开始解禁外资银行入股中资银行金融机构，但也只是维持在无监管规章的个案报批。

2003 年 12 月，银监会（“中国银行业监督管理委员会”的简称，下同）明确指出，境外单个金融机构在中资金融机构投资入股比例不得超过 20%，多个金融机构入股比例不得超过 25%。同时，2004 年下半年又确立了中资商业银行，尤其是国有商业银行引进境外机构投资者应坚持的“五项原则”和“五个标准”，为引进合格机构投资者提供了判断标准和依据（见表 3–3）。

表 3–3　外资参股中国银行业基本情况一览表

日期	国内银行	参股的外资银行	收购价	持股
1996.10	中国光大银行	亚洲开发银行	1900 万美元	3.29%
1999.09	上海银行	国际金融公司	2 亿元	5%
2001.11.28	南京银行	国际金融公司	2700 万美元	15%
2001.12.29	上海银行	汇丰银行 上海商业银行（香港） 国际金融公司（增持）	6260 万美元 1.95 亿元 25 万美元	8% 3% 2%
2002.12	上海浦发银行	花旗银行	6700 万美元	5%
2003.12	兴业银行	恒生银行 国际金融公司 新加坡直接投资有限公司		15.98% 14% 5%
2004.08.06	交通银行	汇丰银行	17.47 亿美元	19.9%
2005.06.17	中国建设银行	美国银行	30 亿美元	19.9%
2005.07.01		新加坡淡马锡之亚洲金融	14.66 亿美元	5.1%
2005.08.18	中国银行	苏格兰皇家银行	31 亿美元	10%
2005.08.31		新加坡淡马锡之亚洲金融	31 亿美元	10%
2005.09.27		瑞银集团	5 亿美元	1.6%
2006.01.27	中国工商银行	高盛、安联、运通投资团	37.8 亿美元	8.45%

资料来源：根据刘明康. 中国银行业改革开放 30 年（1978—2008）[M]. 北京：中国金融出版社，2009. 姜学军，刘丽巍，范南. 金融对外开放与监管问题研究 [M]. 北京：中国时代经济出版社，2005. 等文献整理。

随着股份制商业银行（如光大银行、浦东发展银行及兴业银行）先后引入外国投资者，新桥资本已持有深圳发展银行 17.89% 的股份、通用电气（GE）投资约 1 亿美元收购该行 7% 的股份；中国民生银行出售了 1.1%

的股份给 IFC、4.6%的股份给淡马锡控股；新加坡馨石基金持有华夏银行 6.9%的股份、德意志银行则持有华夏银行 14%的股份。

继上海银行、南京银行等城市商业银行引入机构投资者成功后，西安商业银行、北京银行、杭州商业银行、济南商业银行等纷纷完成重组计划，顺利引入境外机构投资者。其中，西安商业银行以 5376 万元的价格将 5%的股份出售给 IFC 和加拿大丰业银行（各占 2.5%）；北京银行以 17.8 亿元的价格将 19.9%的股份出售给荷兰 ING 集团，同时 IFC 业参股 5%；杭州商业银行和济南商业银行分别出售 19.9%和 11%（7500 万美元）的股份给澳洲联邦银行。

截至 2010 年年底，45 个国家和地区的 185 家银行在华设立 216 家代表处、25 个国家和地区的 74 家外国银行在华设立 90 家分行；14 个国家和地区的银行在华设立 37 家外商独资银行、2 家合资银行、1 家外商独资财务公司；44 家外国银行分行、35 家外国法人银行获准经营人民币业务，56 家外资银行获准从事金融衍生产品交易业务。

（二）实施自我调控

2001 年 12 月 11 日至 2006 年 12 月 10 日，是中国加入 WTO 后银行业过渡期的 5 年，并承诺在此期间逐步对外开放。同时，中国银行业积极实施自主开放措施，与过渡期的对外开放有效结合。一是以放宽中西部与东北地区受理人民币业务的条件，进而鼓励且支持外资银行向该地区倾斜；二是降低资本进入壁垒，优先引进技术、体制、智力等来优化竞争格局；三是允许外资银行办理金融衍生产品业务；四是以《关于建立更紧密经贸关系的安排》（CEPA）为平台，给港澳地区银行在内地设立机构与开办业务提供优惠条件。

从国际银行业的经验和已经进入中国的外资银行的时间来看，中外资银行竞争的焦点逐渐体现在：优质客户，特别是跨国企业、三资企业、大型工贸企业集团及高新科技企业等；高附加值和高收益的中间业务；外币存贷款业务；中心城市的融资业务；高素质的银行人才。有鉴于此，针对国际网络、风险管控、薪酬和激励机制、IT、资本实力、国际市场规则和实操经验等方面，目前还处于“外强中弱”的前期格局，中国银行业还需要进一步实施自主调控的其他若干措施。譬如，以增强客户认知度为目标来改革、引进先进的CRM（Custom Relationship Management，客户关系管理），以实现供应链式的管理和服务；通过不断地强化银行业国际监管和从业规则的培训以达熟知、应用、保护；加快衍生产品的创新和渗透步伐来提高附加产品的收益和竞争力；改善银行文化环境来吸引、激励、考核、留住高端人才。这样，不仅通过体制机制环境的改变吸引外资银行，而且可以将中资银行的经营管理层级予以提高，打造后者的国际竞争力。

（三）外资银行模式的转变

加入WTO过渡期结束的当天，中国政府如约兑现各种承诺，比如：外资银行受理人民币业务地域和服务对象范围限制的解除，所有非审慎性限制的同步取消，以及《外资银行管理条例》的修订颁布，并实施法人银行的外资银行监管政策。由“分行主导”向“法人主导”的平稳过渡，是后WTO时代中国境内外资银行的主流。2007年4月2日，花旗银行、汇丰银行、渣打银行、东亚银行是外资银行中首批在中国正式成立的法人银行，由各自母公司全资拥有；5月28日，恒生银行在中国成立全资附属公司。

二、“走出去”步伐加速

中资银行金融机构积极参与国际竞争，通过本身优势与劣势、外部机会与威胁的权衡，以代表处、分支机构和兼并收购等方式积极而不失稳妥地推进“走出去”战略，不断开创发展壮大的局面，国际竞争力和影响力不断提高。审慎经营和科学布局使中资银行经受住了国际金融危机的考验，没有遭受重大损失。

中国银行业 2006 年 12 月 11 日对外完全开放之前，进出口贸易量与中资银行机构很不相称（前者大于后者），这种非平衡在日本、美国、欧盟等国家和地区表现尤为明显，同时表现在国有独资商业银行和股份制商业银行海外发展方面（前者大于后者）。进入全面开放时期的银行业，其审慎“走出去”的步伐日益坚定和稳健，取得了全方位、深层次的进展，国际化发展趋势与日俱增。

（一）境外设立营业性分支机构

银行机构的国际化表现为本国银行跨出国界或区域性限制，在境外设立分支机构，形成国际营销网络来参与国际竞争。银行业境外分支机构资产及其所获得的收益占整个资产和收益的比重，能够反映本国银行通过海外分支机构形成的开放程度。比重越大，开放度就越高；否则越低。通过这种形式还可以使海外机构聘用当地管理者和员工，在加强相互沟通的同时吸收海外先进的管理理念，创设开放性的新型银行文化。

中国四家国有商业银行（简称“工农中建”）和一些股份制商业银行在海外设立了分支机构。1979 年中国银行在卢森堡设立的分行，成为中国银行业境外的第一家营业性机构，由此敲开了中国银行业进军国际银行业的“大门”；之后，中国银行连同其他国有商业银行相继在美国、法国、南非、日本等很多国家和地区开设或恢复营业性分支机构，既包括发达国家又包括新兴的发展中国家。同时，1993 年 11 月 8 日，广东发展银行在澳门设立分行，成为中国第一家在境外开设分行的股份制银行；随后，2002 年 8 月 28 日，招商银行香港分行成立，同年 10 月又在美国纽约设立代表处，并于 2007 年 11 月 8 日设立纽约分行。20 世纪 90 年代以来，随着中国银行业转轨和对外开放的逐步深入，铸就了其较强的国际竞争意识，大大加速了银行业国际化的进程。

（二）参股并购海外金融市场

受全球化和全能化力量的驱动，银行业通过风起云涌的并购活动整合自身的国际竞争力。特别是20世纪90年代以来银行业跨境并购在数量、金额等方面的增速，使得横向并购、纵向并购成为其进军国际金融市场的重要形式，并欲以此形成并购后的乘数效应。

2004年，中国国有商业银行股份制变革后，改变了之前国有商业银行体制机制、财务包袱等问题，从公司治理、资本实力等方面支持了国有商业银行跨国（境）并购。2006年12月30日，中国建设银行以97.1亿港元（约合12.5亿美元）收购美国银行（亚洲）有限公司100%股权，迈出了国有商业银行跨国（境）并购领域的第一步。2007年9月28日，中国工商银行以2000万美元收购印度尼西亚哈利姆（HALIM）银行90%的股份；2008年1月28日，以46.8亿澳门元（约合5.85亿美元）收购澳门诚兴银行；2008年3月3日又以366.9亿南非兰特（约合45.12亿美元）收购南非标准银行20%的股份以及收购香港友联银行70.69%的股份、参股香港建新银行等。

2006年12月15日，中国银行以9.65亿美元收购新加坡飞机租赁公司100%股权，将其作为参与国际租赁业务的平台，使其成为中国第一家涉足国际租赁业务的商业银行；2008年9月，又收购了法国洛希尔银行20%的股权。

股份制商业银行通过并购方式海外扩张亦在有条不紊地进行。2008年5月30日，招商银行以每股156.5港元收购永隆银行53.12%的股权，实现国内银行第一次银行控股权并购的先河。2007年10月，中国民生银行认购美国联合控股公司4.9%的股份，向国际化发展迈出第一步。

通过实施中国银行业“走出去”的基本原则，①可以实现上述目标和准目标。所谓审慎支持，是指要具备条件，即通过自身内部改革（或称“苦

① 这里提到的基本原则指审慎支持、有的放矢、防范风险、持续监管。

练内功”）来满足资本充足率、不良贷款率等审慎性指标的要求，以及存在合理的投资策略、信贷管理等相关制度，进而增强核心竞争力、适应海外市场的激烈竞争；所谓有的放矢是指要实现协同效应（或称“1 + 1 > 2”），即通过海外设立分支机构、参股、并购等方式融入海外金融市场，不仅为了资本的竞争，更重要的是之后在创新能力、风险控制、客户营销等方面实现的团队互补，实现战略协同效应；所谓防范风险，是指谨防外险内传，即不能一味地追求规模经济和范围经济，还要加强海外纵向沟通（与当地银行监管当局的沟通）和斜向沟通（与当地政府及法律法规的适应），提高风险管理意识和效益；所谓持续监管，是指要对所有海外机构实行并表监管。

三、开放与监管并重

银行业对外开放是建立在市场经济基础上，面对经济全球化的复杂背景而产生的银行体制国际变迁。银行一体化的竞合各方利益，需要配套制度加以规范、保障和指导，来体现银行国际化市场的成效并举。中国银行业加强“引进来”外资银行与“走出去”中资银行的监管，始终做到国际标准先行，坚持对外开放与严格监管并重。通过对银行业内外的依法有效监管，促使资本的安全高效流动，提升中资银行公司治理水平、风险管理能力和信用评估实力等。

（一）对外资银行的审慎监管

中国银行业推进对外开放，依法引进和监管外资银行金融机构。1994年4月1日，《中华人民共和国外资金融机构管理条例》的颁布实施，成为中国第一部全面规范外资银行的法规，使外资银行在华经营的市场准入条件和监管标准实现法制化。2006年12月11日施行的《中华人民共和国外资银行管理条例》，是对中国后WTO时代开放金融市场承诺的法律定位，在确保外资银行在华法人机构合理经营的同时并对其经营主体和经营行为进行合规监管。

不断完善外资银行审慎监管体系，通过宏观监管资源的优化，提高对外资银行监管的时效性。一是加强对外资银行公司治理、跨境交易、资产转移、母行资产及管理等方面的监管制度安排，既要运用《商业银行监管评级内部指引》对外资银行法人机构进行综合评级，又要充分地发挥风险评估、外资银行分行综合评价 ROCA（Risk Management，Operational Control，Compliance，Assets Quality，即 ROCA）和母行支持度评价 SOSA（Strength of Support Assessment）的作用；二是实施法人银行总行、法人银行分行、外国银行分行的分类监管，不仅根据《外资法人银行监管框架》和《中国银行业实施新资本协议指导意见》对外资法人银行进行资本、治理、风险、并表等方面监管，而且要求外资银行分行在华全部债务由母行无条件承担；三是强化对风险的事前防范、事中检查与事后控制的联动机制效应，不但及时关注国际国内经济金融形势可能对外资银行产生的影响，还要努力导引外资银行积极贯彻宏观调控政策。

如果说对外资银行金融机构的监管，在中国银行业全面对外开放之前存在着本外币、地域等方面限制的优势，之后的全面放开则使中国承诺开放国内金融体系——银行体系和资本市场，其中前者占据主导地位。面对来自外资银行的挑战与压力，中国银行业要做的是要进一步提升监管水平，以适应不断开放的银行业需求。只有这样，才能使对外开放向着广度和深度行进。

（二）对中资银行的国际监管

随着中国银行业治理结构、资本充足率、不良贷款率、人力资源等方面的有效改善，中资银行走出国门参与全球银行业竞合的局面颇显空前，特别是国有商业银行、股份制商业银行突显此景，加之 WTO 后的对外全面开放，使得对外壁垒下降更加明显。随之而来的是，中国银行业国际经营所面临的复杂多变的国际政治经济新环境，将以效益性、安全性、流动性（以下简称“三性”）为宗旨的中资银行推向更高监管的层级。

鉴于银行体系的脆弱性、公共利益性和效率互动性，国际银行业监管规则历经了 1988 年 7 月《关于统一国际银行的资本计算和资本标准的协议》（1992 年实施）、2003 年 12 月通过的《新巴塞尔协议》（2006 年年底在十国集团国家全面实施）和 2010 年 9 月公布的《巴塞尔协议Ⅲ》，核心内容也经历了资本的四级分类（0%、20%、50%、100%）与侧重信用风险（计提 8%）、资本要求与风险管理（信用风险、市场风险、操作风险）紧密相连、核心资本充足率提高（4%上调到 6%）等内容的变迁，以提高国际资本的效率互动性。

由于中国的国有商业银行和一些股份制商业银行融入海外金融环境已成不可阻挡之势，加之国内 GDP 的上扬和监管环境的改善，引导其他的银行机构进行海外扩张。在此基础上，银监会努力协调中资银行与东道国监管机构关系，以《新巴塞尔协议》约束跨国中资银行，通过并表加强对其国际监管并促升其“三性”的均衡发展。

第三节　开放效应

银行业对外开放是确保资本、技术、管理等盈亏互补的途径与形式，从而达到国际市场上帕累托最优的资源配置，以实现东道国的引资效应、竞争效应、溢出效应、稳定效应等。银行对外开放又是一把双刃剑。本国银行体系的脆弱与国际金融环境凸显的风险和挑战，对一国开放的银行业提出更高的国际监管新要求。改革开放后的中国银行业坚持“引进来”与“走出去”，踏出一条通过资本国际流动带来的制度、技术提高之路，有力地推进中资银行深入变革、金融自由化、促升国际贸易等，但各种金融危机对此造成的负面影响更应有足够的认识。

一、显著的积极成效

毋庸置疑，对外开放程度的纵深发展，使中国银行业的机构质量得以提高、脆弱性相应降低。随着这种态势的不断推移，以银行业活跃带动金融市场繁荣并促进宏观经济增长的效应逐步得到体现。

（一）促使战略转型

银行业金融机构对外开放的发展目标，已从实现追求引进资本、机构的数量，到数量与质量并重、质量为先的转变。以“量的治理”（即消化不良贷款）到“质的变革”（体制、机制的转型）为根本，将国有商业银行公司治理和经营管理完全暴露在市场和舆论的严格监督之下，促使国有商业银行变成真正透明的市场化主体，引入无数“编外监管者”，从而实现其股份制改造、国内外上市、海外分设或并购的竞争战略向国有商业银行质、技、制的发展战略转型。

外资银行的引入，带动中国银行业竞争格局的形成，促使银行经营战略从“以产品为中心”转向“以顾客为中心”，并通过打造商业银行的现代独具特色，①将中资银行推向国际金融市场并参与更广范围和更深层次的竞争与合作。突出显现在：国内银行业市场份额的重整、竞争层级的提升、行业结构的再塑和服务理念的创新等，使中国银行业经由寡头垄断（20世纪80年代中期以前）过渡到垄断竞争（20世纪80年代中期—2006年12月11日），之后进入垄断竞争与完全竞争之间的时期（加入WTO后的完全开放）。

上述分析表明，银行业战略转型及由此带来的市场结构改善，不仅增进竞争的程度，而且提高资本的有效配置。金融是经济的核心，经济促进金融的发展，而银行是金融的主体。以银行业对外开放形成的战略重组带

① 现代商业银行的独具特色是指资本充足、内控严密、运行安全、服务和效益良好、具有国际竞争力。

来的是经济资源的最优布局，从而构筑成本最小化与效益最大化的多方利益格局，提升国家的国际地位和远景规划。

（二）推进金融自由化

1. 利率市场化

贸易自由化推进金融自由化，并进一步促成利率市场化。银行业对外开放的不断演进、市场经济体制的初创，使得 1994 年渐进地推进金融自由化，并一直秉承“金融开放—金融脆弱—金融安全—金融预警”的逻辑思路，紧跟市场经济建设和贸易日益自由化的步伐，从国际金融快速发展进程中找寻不安全的“警源”。中国加入 WTO 后，由于银行是金融的主体，以银行业对外开放引发的银行体系和金融市场变革，加快管制措施的松动，促进融资渠道的多样化和竞合化。

目前，贷款利率上限和存款利率下限已经放开，已经形成基准利率和市场利率并存的利率体系。“逐步推进利率市场化改革”已列入“十二五”规划，这就意味着随着银行业开放的深入，存款上限将全面放开，打破传统的存贷市场同质化竞争，从而形成利差收窄（存款利率上扬幅度大于贷款利率上扬幅度）的局面。例如，发行理财产品即是对利率市场化的一种博弈，与银行产品寻求竞争优势。截至 2010 年年末，人民币个人理财资金为 1.5 万亿元，比 2009 年年末增长 56%。这种因利率弹性带来的优势效应必将延续下去，大大提高金融自由化的广度和深度，为经济增长提供有力的良性竞争环境。

2. 人民币汇率的机制效应

银行业对外开放的逐步深入，助推外贸的发展壮大，有力地促进国际收支的顺差。为防止因调控汇率而引发通货膨胀以及国际贸易争端，中国努力推行人民币汇率形成机制改革（简称“汇改”），包括 1994 年 1 月 1 日，国家外汇挂牌价与市场外汇调剂价的汇率并轨，建立以市场汇率为基础的、单一的、有管理的人民币汇率制度，旨在实行银行结售汇制；2005 年 7 月 21 日进行了充分发挥市场在资源配置中的基础性作用的第二次汇改[①]；2010 年 6 月 19 日的“增强人民币汇率弹性，即升降的灵活性和双向波动性”，旨在降低人民币升值预期，减少投机性“热钱”的流动等。

通过汇改，表明中国控制人民币汇率波动幅度的信心，符合将人民币融入国际货币体系的目标。人民币国际化作为中国银行业对外开放的一个重要环节，一是缘于中国改革开放以来经济总量的增加和对外开放程度的加深，二是国际清偿手段的不断增加，三是人民币汇率弹性逐步增强，四是获取铸币税等机遇，尽管也会面临“游资”的冲击、货币逆转下危机成本的增加、货币政策调控难度加大、本币贬值与稳定相冲突等风险，但利率的逐步市场化必将突进资本项目自由化（目前中国资本项目的自由兑换仍然受到一定的限制），人民币跨境流通和兑换体系定将随着银行业开放水平的提高和中国相关配套政策的支撑而形成，人民币国际化的战略目标必将实现并推进宏观经济的发展进程。

3. 业务经营自由化

莱文（Levine，1997）等人提出的“金融服务论”，将信息不对称和交易成本引入不确定环境中，阐明金融体系对经济增长的推动作用；同时，它把金融机构和金融市场的服务功能统一起来，为放松银行业务经营的管制提供了理论基础。从全球银行业发展趋势来看，开放东道国市场必然面对银行机构的进出、解除各种管制措施面临衍生工具及其定价的挑战、技术进步带来相关的模仿与创新等。这些均会引起国际银行业竞争程度的加剧，并通过自身提供复合服务来推进业务整合，从而达到机构整合以及从分业模式到混业模式的转型，实现银行经营的全能化。（见图 3–2）

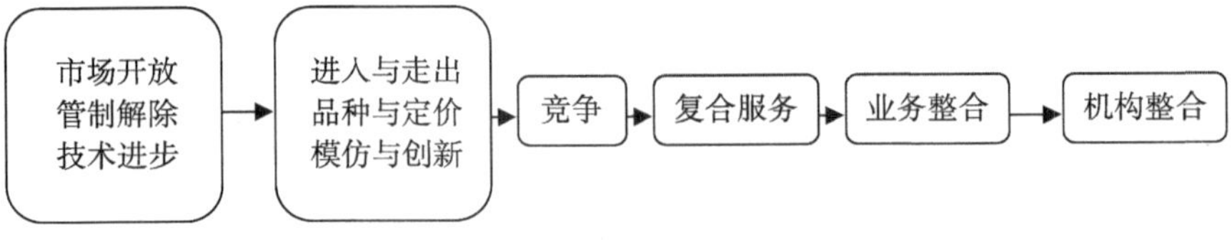

图 3–2　全球银行业变革的趋势

资料来源：张红. 金融自由化与中国银行业的竞争和发展［M］. 上海：上海财经大学出版社，2009：105.

① 第二次汇改的内容是：以市场供求为基础、参考一揽子货币进行调节、有管理的浮动汇率制度。

中国目前正处于开放金融市场、银行业“引进来”和“走出去”的阶段。尽管加入WTO使中国解除了相关的限制措施，同时也存在一定的技术进步，但衍生产品的贫乏及定价的欠规范，造成当前中外银行业的竞争[①]仍处于较低的层级。而且，存在的业务复合服务仅可看作是业务交叉，目前不会达到彻底的业务整合和机构整合。无论如何，中国银行业从最初的引进到引进与走出并重，再到2006年年底之后的全面开放，已经形成国内市场开放、银行海外发展迅速的基本格局。

（三）深化中国银行业变革

银行业对外开放30余年以来，积极引进资本、管理、技术和市场份额等，为宏观改革开放提供巨大的支撑。值得一提的是，通过银行业的对外开放，进一步促使银行业改革重组，资源优化配置功能得到上佳的体现。

首先，国有商业银行产权得以重构。具体表现在：一是中国银行、中国建设银行先期经由中央汇金投资有限公司（简称“汇金公司”）注资450亿美元后实现股份制改造，中国工商银行、中国农业银行随后在保留财政部资本的基础上接受汇金公司注资300亿美元（各占50%），这四大国有商业银行股份制改造后成功登陆A股、H股资本市场；二是国家开发银行也于2007年年底通过财政部与汇金公司的联合参与完成股份制改造。这是应对中国加入WTO后国有银行在资本、人才、客户、公司治理等方面可能显现的竞争劣势做出的战略决策，也是对其进一步能够赢得竞争的有利条件而进行的转换机制变革。（见表3-4）

---

① 中国银行业改革开放以来发生的两次大规模竞争：一是银行间主要依托行政层级，以机构扩张为主要竞争手段（1984—1997年）；二是以金融工具创新，即对西方现代银行已经发明的金融产品的模仿为主要特征（1997年之后）。

表 3–4　国有银行股份制改造和上市情况

银行名称	注资机构	注资日期	注资金额（亿美元）	占比（%）	上市
中国银行	汇金公司	2003.12.30	225	100	H 股 2005.06.01 A 股 2006.07.05
中国建设银行	汇金公司	2003.12.30	225	100	H 股 2005.10.27 A 股 2007.09.25
中国工商银行	汇金公司	2005.10.28	150	50	H 股 2006.10.27 A 股 2006.10.27
	财政部	2005.10.28	150	50	
中国农业银行	汇金公司	2008.10.21	190	50	H 股 2010.7.16 A 股 2010.7.15
	财政部	2008.10.21	190	50	
国家开发银行	汇金公司	2007.12.31	200	48.7	
	财政部	2007.12.31	210.68	51.3	

资料来源：根据刘明康的《中国银行业改革开放 30 年（1978—2008）》（2009 年版）整理而得。

其次，外资银行的进入，导致城市商业银行辖区市场份额“狭窄”，跨区域竞合被提上了日程，以拓展发展空间和实现利润最大化策略。它们分别以合并重组、兼并收购、自我扩张和股权多元化等方式，在充实自身实力的前提下突破地域或外资竞争者的“包围圈”，以分行形式将矛头指向异地区域。这样既能拓宽收益领域和比重，又可通过公司治理的改善而带来相互制衡，进一步促进有效资产置换、不良资产降低、经营绩效提高等预定各项指标。

再次，成立之初的股份制商业银行，旨在以体制外模式辅助国有商业银行体制变革，但它们资本配置的股份性、分支机构设置的灵活性及治理结构的国际性，使其拥有一定的市场竞争力并给国有商业银行带来经营管理上的压力。进入 21 世纪后，特别是 2001 年 12 月 11 日后中国金融体系的新格局，促使股份制商业银行加强角色转变，引进战略投资者、实力派走向海外、内控深度强化等措施相继引用，无一不显示出股份制商业银行对于全面开放后的中国银行业新的视野。

最后，村镇银行功效的显现、非银行金融机构功能的拓展，也在昭示人们重新审视开放后中国银行业的市场布局。外资入股村镇银行，有效填补传统的金融空白、拓展金融服务，但应该看到这种市场充分竞争程度的提高，是在导引和规范非正式金融、提高区域经济效率的同时也冲击了其他相关金融机构（如中国邮政储蓄银行）；财务公司、保险公司、投资公司（银行）、汽车金融公司等非银行金融机构，亦随着银行业市场的开放而张缩体系，是形成银行业经营管理“金融脱媒”的渊源。

（四）增加国际贸易财富①

由于银行业对外开放引起的资本国际流动，使世界市场中的资源得以有效配置，提高世界整体的福利水平。这里引用“麦克杜格尔模型”加以论证（见图 3–4）。其中：OA、O_1A 分别代表发展中国家、发达国家最初拥有的资本量，MEI、MEI_1 分别代表各自的资本边际效率曲线。在封闭经济情形下，因资本缺乏流动性而带来的世界总产出为 $OBHA+O_1CGA$；而在开放经济情形下，因资本自由流动产生了另外一种情形，即资本从边际效率低的富裕国家流向边际效率高的稀缺国家，最终达到均衡点 E，后者比前者增加产出 EHG。如果发展中国家通过开放本国金融市场来吸引资本流入，则其资本存量将从 OA 扩大到 OA_1，GDP 增加了 $EHAA_1$，其中：$EFAA_1$ 作为利息支付给外国资本要素，而 EFH 是由于资本存量增大带来的 GDP 净增加。②

随着中国银行业对外开放进程的逐步推进，尤其是 WTO 过渡期结束后的全面开放，更是引发外资银行以多种方式融入中国金融市场，国有商业银行和一些股份制商业银行迈向国际金融市场。中国作为发展中国家，从开始引进发达国家外资银行的剩余资本以充实本国外汇储备（相当于图 3–4 的 OA 向 OA_1 推进），到目前通过应用外资带动进出口贸易的繁荣，

---

① 倪东明，方馨．中日银行业风险调控策略之比较［J］．现代财经——天津财经大学学报，2011（9）：88–89.

② 麦克杜格尔模型来源：姜学军，刘丽巍，范南．金融对外开放与监管问题研究［M］．北京：中国时代经济出版社，2005：29.

从而获得 GDP 的净增长（相当于图 3-4 的 EFH）。同理，中资银行将过剩资本向海外稀缺资本的市场流出，促进中外资本资源的合理配置，导出新一轮的经济增长点。

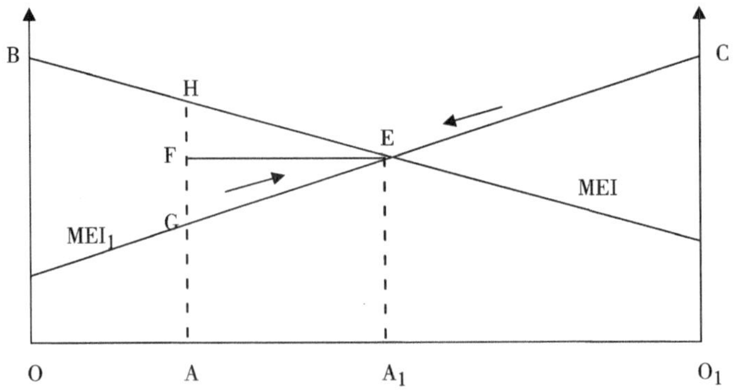

图 3-4 资本流动的产出效应

二、凸显的主要考验

（一）风险管理方法面临的挑战

中国在加入 WTO 以前，银行业实行分业制度、资本项目未开放、利率并未完全市场化，其面临的主要是信用风险，这个时期绝大部分信用集中在银行身上，而融资的集中一般就是风险的集中，因而银行业承担巨大风险亦顺理成章。同时，此类信用风险又与当时的财政风险、国有企业制度改革风险等相互交织，增加量化风险管理的难度。尽管通过信用评估建立借款人资信档案，强化信贷人员的资金防范意识，但对于经济环境好坏的转换、社会环境优劣的更迭、技术环境强弱的承接等客观而间接地影响信用的质量，是银行主观难以逾越的信用风险。

WTO 后的中国银行业，势必面临金融全球化、经济一体化、信息技术迅速提升的机遇，但同时由于利率市场化推进带来的市场风险、人员国际化流动带来的操作风险等不得不予以警戒。处于开放条件下的银行业，迎接各种风险的最佳策略就是创新风险管理工具，在风险识别、风险衡量、风险处理和风险效果评价一体化中提高绩效。比如，健全网络调控银行业全球风险的制度，引以流水账、衍生产品等作为风险管理的基准物，实行全球一站式服务，促使风险调控方法同与日俱新的风险种类相适应。

（二）银行集团化经营趋于明显

缘于 1933 年纽约证券交易所“股灾”后美国国会所通过的《格拉斯－斯蒂格尔法》（Glass-Steagall），分业经营体制之后得以建立和仿效。伴随着经济全球化浪潮的推进，1999 年 11 月美国国会《金融服务现代化法案》的确立，带动金融反垄断法规的松动，对金融控股公司和金融集团经营的政策也从限制转向鼓励，形成机构兼并重组及多元化扩张的局面，塑造越来越多的超级金融集团，尤其是 20 世纪 90 年代以来的这种现象愈演愈烈。

中国目前仍处于这样的情形，即总体上的分业经营、具体上存在一定的业务交叉。分业经营、分业监管无疑可以降低和防止资本投机带来的负面影响，较好地发挥纵向监管的优势。然而，国际银行业出现的业务横向与纵向的整合，为当前乃至今后的走向提出了疑问：是坚持分业还是混业？是回避风险还是风险预防与抑制？是工具创新还是沿循传统？如此诸多问题均向人们提出挑战。世界金融格局因竞争、资源禀赋等问题而兼并，既带来集团规模优势，又显现其成本和监管劣势。现时的中国银行业，已处于全球银行市场格局中，但人力资源、市场份额、公司治理、资金、技术等方面与国际金融集团相比尚存相当差异。尽管各有所长、各取所需，但如果能够“以他人所长补己之短、以己之长责他人之所求”，岂不善哉！

（三）国际银行业监管的新秩序

始于 2008 年 9 月美国的国际金融危机，直接催生出巴塞尔协议Ⅲ，并于 2011 年 11 月获得正式批准实施。其主要内容是将一级资本充足率下限从现行的4%上调至6%；由普通股构成的“核心”一级资本占银行风险资产的下限从现行的2%提高至4.5%，并设立总额不低于银行风险资产2.5%的“资本防护缓冲资金”。这就意味着商业银行至少持有7%的一级资本金比率，即商业银行投资或放贷100单位至少就要留存7单位的储备。投资或放宽的风险越高，对该资本的要求也就越高。①

尽管中国银行业这些方面的指标已超过巴塞尔委员会的“警戒线”（截至2010年年底，中国银行业核心资本充足率是10.1%），但应该看到国际环境的复杂性和多变性对银行业带来的冲击。贸易自由化引致资本国际化加速和利率市场化导致“游资”频率加大，前者虽是正常资本流动而后者属于虚拟资本效应，但二者均会受到汇率风险、操作风险、市场风险、国家风险等因素的影响。因此，银监会在关注该类风险可能损失的同时应加强自身风险管理制度建设，对海外中资银行进行东道国沟通与母国审慎监管、对准海外中资银行强化国际监管指标的核准、对国内外资银行的法人化管理实行定期联席现场与非现场检查，确保账实相符，不断提高监管的有效性、国际性和前瞻性。

三、对开放经济下宏观调控政策的评价

银行业对外开放是金融开放的主体，后者则构成一国经济改革和开放并促进经济发展的核心。显然，这种开放引发的正负效应均需要政府“有形的手”介入进行调节，但对中国来说，宏观调控政策对于银行业对外开放反馈信息的解决未必尽善尽美，仍需辩证地看待“两只手”的作用。同时，通过建立银行业对外开放评价指标体系，深入阐述宏观调控政策与银行业对外开放的内质。

---

① 数据来源：国际清算银行官方网站（www.bis.org/press/p100912.htm）.

（一）通货速率对经济效应影响有几何？

随着中国银行业对外开放的深入发展，中国“接收”的外资银行，无论模式、数量、质量等均在日新月异；而“发送”的中资银行也体现出方式新颖、规模各异、治理高效等国际特点。从外资流入来看（包括经常项目和资本项目双顺差），近些年中国外汇储备与日俱增，人民币汇率调控的频率日显重要。如果外汇增长的幅度与人民币增发的幅度持平，可以维持汇率均衡和币值稳定，但势必带来人民币拥有量与生产力水平出现差异。若后者不动而前者增幅，必将形成由于开放条件下的外资流入而引发通货膨胀，造成 GDP 缩减指数大于 1（GDP 缩减指数＝名义 GDP ／实际 GDP）的局面，虚增效益因其产生；反之则是通货紧缩和经济萧条的情形。

然而，如果外资的源源流入与人民币流通速率的变大同时进行，即可在不增发基础货币的前提下，实现汇率基本平衡、通货利用率提高、币值和物价稳定等。在现实中，由于种种因素而致使通货速率变小甚至为零，例如，目前信用卡（主要是借记卡）应用时空的局限（不同卡种 ATM 收费制），造成本应及时、及地完成的货币交易而被客观因素推迟（有时形成暂时不支取的情况），大大影响其流通速度和对价交接。这种通货速率的变化，形成供应、生产、销售等供应链运行的瓶颈，又为人民银行发行库输送错误的信号，导致货币政策应用失衡。

当前，如何盘活人民币的流通，是人民银行和银监会作为监管部门着重考虑的重点，而不只是仅采用存款准备金、利率等工具（操作目标）去影响货币供应量（中介目标），进而实现经济增长（最终目标之一）。银行业开放向广度和深度的推进已是不争的事实。在外汇储备有增无减的今天，是不是更应该消除行际壁垒，鼓励并执行境内“行务通”，建立中国银行业开放背景下的一体化，以此带动“银行服务经济发展、经济促进银行繁荣”。这样，中国银行业在对外开放进程中步履会更加稳健、成效亦更加显著。

（二）安全预警体系是否应进一步强化？

银行业对外开放进程的加速，促升“热钱”以各种各样的方式不断涌动，包括“钻空子”（即资本项目未开放情形下的国际资本流动）、虚假出口（即东道国外资企业出口“原装”产品至其投资国，以使后者通过对价“推动”外币进入前者）、利率上扬（因汇率贬值而增发基础货币带来通货膨胀时所使用的操作工具）等。外汇短期性的增长，在抬高房地产价格、增大CPI、本币升值等情况下，选择盈利后全身而退，却给东道国政府宏观调控留下“后遗症”，从而导致金融危机并破坏业已建立的金融体系。

针对这些风险因素引起的银行效率、银行安全、金融安全、经济安全和国家安全连锁影响问题，人民银行和银监会（简称“监管机构”）采取诸多事前控制、事中控制和事后控制的措施（如及时制定和完善相关法律法规、实施积极的财政政策和适度宽松的货币政策等）予以应对，均取得良好的治理效果。但同时也应该看到，开放条件下流动性、潜伏性、网络性等风险的存在，刺激了中国银行业安全预警体系向纵深完善。一是引领外资银行在公司治理、金融工具、业务培训、市场开拓等方面对中资银行的积极渗透，缩短和减轻后者受冲击的时效和适应过程；二是在区分总分行、母子行、法人行等外资银行金融机构监管措施的基础上，打造市场准入、营运参数等指标各异的分类监管模式；三是建构中外资银行信用体系比照表，并以此形成良好的信用环境。

（三）银行业对外开放水平的测度与评价①

银行业对外开放40余年以来，历经加入WTO前的初始时期（1979.1.1—2001.12.10）、加入WTO后的过渡期（2001.12.11—2006.12.10）和加入WTO后的全面开放时期（2006.12.11之后）等三个阶段。其中，初始时期阶段又可分为初始阶段（1979—1993年）、市场化阶段（1994—

---

① 资料来源：李变花．扩大开放下中国金融安全与监管研究［M］．北京：中国经济出版社，2009：118-124.

1995 年）和国际化阶段（1996—2001 年），以下只按初始时期阶段综合分析；全面开放时期阶段的分析只限于目前数据索取的时期进行解析（2006.12.11—2011.5.1）。

通过指标选取、体系构建、定量分析和纵向比较，进行银行业对外开放水平的基本测度，并得出开放度的大小，进而以此评价当前宏观调控的策略以及今后如何把握银行业对外开放的广度与深度。

1. 指标选取

由于中国银行业的具体业务包括存款、贷款、汇兑、结算、保险代理、租赁、衍生工具等，但存贷款仍是当前中国银行业业务的主体部分，其他或是不影响本书对外开放分析，或是业务刚刚起步而使其市场份额较小。因而，只选取存款、贷款作为指标层的构成要素，来解析准则层之市场准入水平，而其中跨境支付、境外消费、商业存在和自然人往来四个基本因子直接影响存贷款作用的发挥。同时，通过居民向非居民或非居民向居民提供的商业和金融借贷、货币市场工具，透析资本项目开放的程度。以准则层二要素分析的完成（市场准入和资本项目开放）来最终实现目标层（银行业对外开放水平的测度）。

2. 体系构建

根据如上分析可知，目标层、准则层、指标层和要素层构成银行业对外开放水平的评价体系（如图 3–5）。

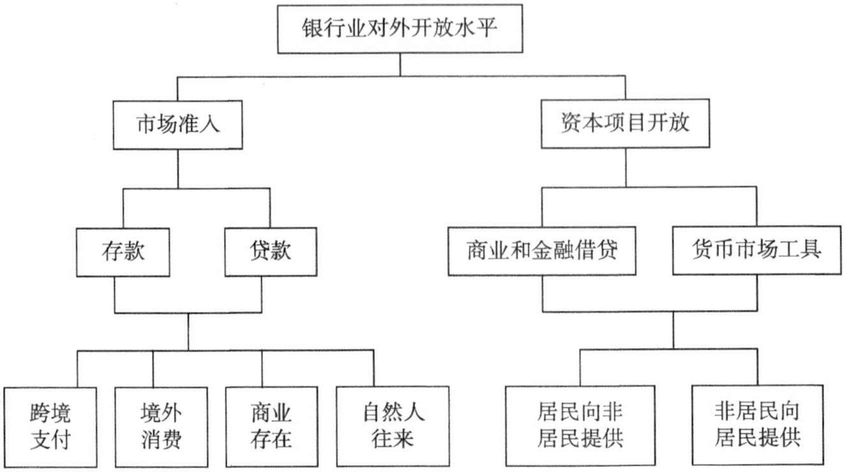

图 3–5　银行业对外开放水平的评价体系

资料来源：李变花. 扩大开放下中国金融安全与监管研究［M］. 北京：中国经济出版社，2009：119.

3. 定量分析

第一，理论依据。假定：p=1、2 依次表示准则层中银行业的市场准入、资本项目开放；q=1、2 依次表示指标层中的存款、贷款，或商业和金融借贷、货币市场工具；r=1、2、3、4 或 1、2 依次表示要素层中跨境支付、境外消费、商业存在、自然人往来，或居民向非居民提供、非居民向居民提供。同时，令：Tt 表示目标层 t 时刻的测度值；$X_{p,t}$ 表示准则层中第 p 个指标在 t 时刻的测度值，$\alpha_{p,t}$ 为 $X_{p,t}$ 对应的权重；$Y_{p,q,t}$ 表示第 p 个指标、第 q 个项目下 t 时刻的测度值，$\beta_{p,q,t}$ 为 $Y_{p,q,t}$ t 对应的权重；$Z_{p,q,r,t}$ 表示第 p 个指标、第 q 个项目、第 r 种约束下 tz 时刻的具体赋值，$\gamma_{p,q,r,t}$ 为 $Z_{p,q,r,t}$ t 对应的权重。①

根据如上描述，可以利用以下公式分别计算出指标层的测度值：②

$$\mathrm{Y}_{p,1,t}=\sum_{r=1} Y_{p,1,r,t}\cdot Z_{p,1,r,t} \qquad \text{式（3–2）}$$

① 资料来源：李变花 . 扩大开放下中国金融安全与监管研究［M］. 北京：中国经济出版社，2009：120.

② 式（3–2）—式（3–6）：李变花 . 扩大开放下中国金融安全与监管研究［M］. 北京：中国经济出版社，2009：121.

$$Y_{p,1,t}=\sum_{r=1}Y_{p,2,r,t}\cdot Z_{p,2,r,t}$$ 式（3–3）

同时，通过如下公式计算出准则层的测度值：

$$X_{p,t}=\sum_{q=1}^{2}\beta_{p,q,t}\times Y_{p,q,t}$$ 式（3–4）

$$X_{p,t}=\sum_{q=1}^{2}\beta_{p,q,t}\times Y_{p,q,t}$$ 式（3–5）

最后，通过式（3–6）计算出目标层的测度值：

$$T_t=\sum_{p=1}^{2}\alpha_{p,t}*X_{p,t}$$ 式（3–6）

第二，要素层的计量。这里，通过具体赋值的方法来进行计算，例如对“没有新的进入或对新进入没有承诺”赋值0.10、“外资股权小于50%”赋值0.50、“限制经营的数量（分支机构）”赋值0.75；对“不允许资本的提供”赋值0.00、“允许资本的提供，但必须经主管部门事先批准”赋值0.75，等等。

第三，权重的确定。市场准入下存贷款的各要素权重设定依据（如表3–5）；指标层的权重根据“存款权重=存款余额/(存款余额+贷款余额)、贷款权重=贷款余额/（存款余额+贷款余额）”计算得出，此设定为0.6、0.4。而且，资本项目开放之要素层（居民向非居民提供、非居民向居民提供）的权重根据如下计算方法得出：“居民向非居民提供”的权重＝“居民向非居民提供”的资产额/(“居民向非居民提供”的资产额＋“非居民向居民提供”的资产额)、“非居民向居民提供”的权重＝“非居民向居民提供”的资产额/(“居民向非居民提供”的资产额＋“非居民向居民提供”的资产额)，在此均设定为0.5。由于对外开放需要资本账户可兑换的密切配合，因而使得市场准入与资本账户开放形成相互依存的关系，故于此将二者权重均设定为0.5，即 $\alpha_{1,t}=\alpha_{2,t}=0.5$ 。

表 3-5　市场准入下存贷款的各要素权重

指标层类别	跨境支付	境外消费	商业存在
存款	0.12	0.03	0.85
贷款	0.20	0.05	0.75

资料来源：李变花.扩大开放下中国金融安全与监管研究［M］.北京：中国经济出版社，2009：123.

4. 纵向比较

根据前述公式和相关数据，得出中国银行业改革开放40余年以来（划分为三个阶段）的对外开放水平（如表 3-6）。

表 3-6　中国银行业对外开放水平的测度值

项目＼时期	第一阶段 1979.1.1–2001.12.10	第二阶段 2001.12.11–2006.12.10	第三阶段 2006.12.11–2011.5.1
市场准入	0.226	0.616	0.744
资本项目开放	0.137	0.504	0.532
对外开放水平	0.182	0.560	0.638

资料来源：李变花.扩大开放下中国金融安全与监管研究［M］.北京：中国经济出版社，2009：124.

中国银行业的对外开放水平，始终处于上升趋势，特别是第一阶段至第二阶段的增幅（3.077 倍），要明显高于第二阶段至第三阶段的增幅（1.139 倍），反映了中国银行业对外开放由实施分阶段、有步骤地向全面开放的转型。而且，市场准入开放水平的测度值均高于资本项目开放水平的测度值，说明了中国银行业恪守加入 WTO 的开放金融市场的承诺，但由于国际货币基金组织（IMF）未对中国开放资本项目的程度作出强制性规定，加之中国银行业面对的国内外不稳定环境和不完善的竞争机制，促使中国对资本项目保留一些限制性的条款。

本章小结

当今银行改革的目标模式——体系市场化，旨在通过体制革新、制度变迁来降低交易成本、实现资源最优配置，以银行效用带动经济持续和有效地增长，从而揭示不同制度安排与不同资源配置效率之间的明确关系，调整人与人、人与物质世界的利益归属，推动本土银行与外资银行的有效竞争，并进一步促使前者向海外拓展。同时，通过对外开放后银行体系的创新，有力推动银行业整体营运水平的提高，提升银行业效应产出水平，促进社会的发展和稳定。

中国银行业采取了“传、帮、带”而非一般均衡式的对外开放模式：后者是对全部银行进行改造后上市或国外发展；前者只对部分银行进行先期改造上市或海外拓展，以此实现银行业改革开放“排头兵”的溢出效应。伴随多种非国有经济成分的活跃而在国有商业银行的旁边或中间产生出的以市场经济为依托的商业性金融机构，推进国有商业银行的改革开放进程，强化治理结构，健全内控机制和外部监管，从而提升风险管理的有效性水平。因此，“改革促开放、开放保发展”已成为中国银行业对外开放的定海神针，并构成银行、金融、经济链式发展效应的中国模式。

第四章　中日银行业对外开放的比较

中日银行业的对外开放，尽管在起始时间、进程和效果等方面有所不同，但日本银行业的历史演进显然可以成为中国银行业对外开放的例证。不论在风险调控、经营管理体制、利率市场化的哪一方面，均应以“取其精华、去其糟粕”的时代观，来正视中日银行业对外开放的比较效应，从而达到服务于中国银行业对外开放的目的。

第一节　风险调控策略①

日本银行业从被动开放、政策管制到主动开放、制度放松，经济经历了复苏、繁荣、泡沫、萧条和再恢复的奇异怪圈，其中又诞生诸多风险。难道是日本银行业主动对外开放的决策路线错误了吗？对中国银行业来说，从外资银行的引入到2000年中资银行的走出，再到中国加入WTO后对外资银行的全面开放，中外资银行国内同台竞争，资本流出入方式不断增多，因政府采取的防控措施，将中国银行业开放的风险损失降低化解。这是中国银行业对外开放的决策比日本好吗？这样的问题，将通过中日银行业风险调控的对比以揭开其“面纱”。

一、中日银行业的风险形势

近年来，信息技术的飞速进步和跨国公司的不断涌现带动了经济一体化和金融全球化，促生了银行业的客户日益挑剔、竞争日益加剧、变化日

① 倪东明．中日银行业风险调控策略比较研究［J］．新金融，2011（7）:21-26.

益频繁，从而导致银行业系统性风险及其他类别风险的间或发生。尤其是 2008 年 9 月始于美国雷曼兄弟集团倒闭的国际金融危机，使得风险的累积“效应”（即破坏性、传染性、复杂性等）暴露无遗，为风险的有效、全球性治理提出了挑战，提升了组织体驾驭国际资本流动的能力要求。

二战战败后，由于“道奇计划”的出笼，日本政府通过“引进”美国金融体制改变国内满目疮痍的经济景象。加之受 20 世纪 80 年代初金融自由化的影响和冲击，日本由利率管制到利率自由化、由分业经营与监管过渡到混业经营与监管、宏观监管机制的改革等，却自 20 世纪 90 年代起使日本银行业遭遇“失去的 10 年”（1991—2001 年），直接显现的是不良资产的快速增长。之后欲以“金融大爆炸”来抹平 20 世纪 90 年代金融萧条的“创伤”，但直至今日在不断一体化的国际金融格局中依然不时险象环生。

再放眼 1978 年 12 月改革开放后的中国，由于实施“引进来”的方略，先后带动外资银行在中国设立代表处、分行、法人银行等，在中国的社会主义市场经济建设中实现了“引资、引制、引智、引技”的“四位一体”。2000 年又确立实施“走出去”战略后，中国银行业相继走出国门，并以诸多方式参与国际金融竞争与合作。但不容忽视的是，中国银行业的对外开放进程是与风险环生并驾齐驱的，主要表现在“金融脱媒”的出现、“游资”的虚拟经济效应导致的人民币汇率风险、治理结构不完善引发的监控“空位”及利益相关者受损等。尽管政府采取了一系列措施治救显性风险，仍使一些隐性风险随时导致金融资源的配置失衡。

然而，对于中日银行业开放进程中风险的集聚种类、形成原因以及对金融和经济的影响如何，仍是时下理论界和实业界探讨的焦点所在。以史为鉴、见证未来。以探析中日银行业对外开放风险的“质”与“量”为基点，对比其调控风险相关策略的异同，睿智地预析对中日银行业调控风险有所裨益的战略战术，以更好地实现银行业服务经济全局的总体目标。

二、风险形成的原因及其影响

（一）银行风险形成的因素

基于世界经济的变幻莫测，国际银行业在开放轨道上亦是坎坷前行。溯本求源，一些因素会直接或间接地影响到风险的发生与否和程度如何。现在不妨列举出如下的风险函数：

$$R = f\left(S_f, O, D, S_c, F, G\right) \qquad \text{式（4-1）}$$

其中：R 代表风险，S_f 代表银行体制，O 代表银行的开放度，D 代表银行的发展度，S_c 代表公司治理结构，F 代表金融自由化，G 代表政府治理。R 是 S_f、O、D、S_c、F、G 的函数，并与 O、F 成正比，与 S_f、D、S_c、G 成反比，即：当一国银行业越开放、金融自由化越成熟，其遭受风险的概率越大（假设该国对银行业的监管度不变）；而当一国的银行体制变得很健全、银行自身的体系较完善、政府监管力不断提升时，该国银行业在开放过程中会减少风险的侵袭。此外，文化差异、并购经验、净资产收益等解释变量也会一定程度上影响被解释变量（即风险）。

一国银行业开放度较大、金融自由化进程较快、宏观监管力度较弱等，易引发信用风险、汇率风险、操作风险、流动性风险、市场风险等。信用风险是伴随一国银行业开放所形成的信贷违约而形成的不良资产增加，进而影响银行体系的正常运营并造成支付危机；汇率风险是国际资本流动带来东道国本币升值或贬值，并导致进口和出口减少或增加的产物；操作风险则是由于微观审慎监管的缺失或失灵产生的“看似小、实质大”的潜在系统风险；等等。如上诸类风险如果发生在一国改革开放征程上，那么显现信贷膨胀、资产价格泡沫化、通货膨胀或紧缩、排挤私人投资等问题则不足为奇。

（二）日本银行业风险及其影响

以20世纪80年代为分水岭，之前日本实行利率管制、分业经营与监管、主银行制等，造就了日本自1945年以来经济的复苏、繁荣、稳增等几个阶段，并使其成为继美国的世界第二大经济体，跻身其中的银行业为此功不可没，“官商银”一体化构成了该时期的典型模式；之后伴随着金融自由化的浪潮，催生了日本放松金融监管的信念，加快了利率市场化、日元国际化、混业经营的步伐，通过修改《外汇法》来消除限制银行外汇经营的“篱墙”，并以1985年9月22日的“广场协议”为“突破口”，使日本进入了日元大幅升值，“隐身”的资产价格泡沫最终破灭了，从而走进了自1991年开始的10年萧条期，汇率风险、信用风险等相继进入爆发期。尽管21世纪后的日本经济有所恢复，不过至今仍属于艰难爬行，银行业风险的存在无疑起着阻滞作用。

造成日本近20年经济增长乏力的最重要因素是日本的银行体系功能缺失。首先，它表现为银行体系对资源配置的失衡。由于如上所述的“广场协议”带来的日元大幅升值，引发大量的国际资本流入日本，迫使日元货币供应量的膨胀，导致众多货币资源被配置到非生产性的领域，如土地、股票及古董、艺术品等交易，使得这种消费的过度膨胀直接引发本领域的虚假繁荣现象，即由此价格泡沫带来巨大的“财富效应”。种种迹象表明，银行机构忽视风险的存在而大量的融出信贷资本，从而以其“独特”的低效率资源配置孕育了特定历史条件下的泡沫经济。其次，银行体系的风险分散功能失效。具体来讲，日本特有的主银行制（债权人治理模式）造成扭曲了的银企关系，将企业的风险过度聚集在银行体系内部，由此衍生的风险内生化并使日本银行体系丧失分散风险的功能。“配置资源、分散风险”的银行体系成为与企业“一荣俱荣、一损俱损”的财务机构，伴随泡沫经济的破灭和大量国际资本的“外逃”，形成银行巨额的不良资产，从而使银行成为日本经济风险集中爆发的“前沿阵地”。还有，就是银行体系的滞后性。日本服务产业的全球化和及时服务（Just In Time），促使银行业承担海外延伸的重任，随之产生了汇率折算风险、东道国政策带来的客观风险等均会冲击银行的创新工具应用并导致惰性思维。这样，不仅出现银行经营与经济发展的非同步，更为鲜为人知的是因日本银行体系"貌似稳定、实则脆弱"的机制拉退日本经济的进程。

金融自由化与金融体制改革浪潮的掀起，使日本企业进行间接融资的制度基础逐步遭到削弱，融资范围逐渐扩大，从而进一步表明日本企业的融资方式已经由依赖主银行的关系型融资转向市场化融资。日本的银行开始淡化事中监督，转而重视事前和事后监督，积极发挥资本市场的约束力，努力追求银行作为单纯债权人的治理功效，促升日本在2007年确定强化市场和提高金融监管质量的监管目标，更加注重金融创新与金融监管的协调发展，实现风险转移机制的高效运行。

（三）中国银行业风险及其影响

虽然中国尚不存在日本那样的"道奇计划""广场协议"等以美国为首的外部势力的强势干扰，但美国政府、学者等催促人民币汇率升值的压力仍不容小觑。中国为了防控人民币汇率可能发生的风险，进行了人民币汇率形成机制进一步改革，即2005年7月21日的以市场供求为基础、参考一揽子货币进行调节、有管理的浮动汇率制度，及2010年6月9日增强人民币汇率的弹性。而且，随着人民币跨境流通的日益频繁，给银行业带来的风险与日俱增，主要反映为：由于人民币跨境的流出入，使商业银行无法完全确认人民币集中提款的时间和数量，进而引发支付危机甚至挤提事件而形成的流动性风险；因人民币升值预期的驱使，使外币竞相追逐人民币，造成"热钱"进入形成的短期性、投机性、不确定性等现象的局面，在一定程度上影响银行业经营安全的利率风险和汇率风险等。

银行业对外开放形成的风险对一国宏观经济和微观经济均会产生影

响。从宏观影响角度来看，诸如汇率风险、利率风险、国家风险等都会冲击本国的 GDP 增长、充分就业水平、物价稳定程度和国际收支平衡。比如，伴随中国银行业对外开放向纵深发展，外资银行日益成为中国市场经济中的一股重要力量，并随着其法人银行地位的认可和经营的国民性，必将进一步冲击中国银行业的存贷规模，而且这种冲击通过较为显著的“U”型二次函数曲线展开，即中国企业经由外资银行办理存款、贷款等业务会经历先降后升的过程，因而构成中国银行业扩大业绩的风险所在。从微观影响角度来看，操作风险、市场风险等毁坏银行经营机构的资本供给结构，形成法定存款准备金与超额准备金比例的失调，以存款、贷款等业务营运的失控（如挤兑、萧条等），造成公司治理结构的风险并进一步转化为宏观系统的风险。

三、风险调控策略分析

银行体系具有对增量资产的交易和配置职能，同时亦“累积”或“沉淀”了各种风险。分散、化解风险应为银行体系最基本的特征，但日本银行业防控风险的策略（以下简称“日本模式”）相对中国银行业防控风险的策略（以下简称“中国模式”）存在着诸多的异同，并为中国的银行体系完善提供了不少的经验教训。

（一）日本银行业风险调控的策略

源于“护送舰队”式的金融行政保护、利率管制以及主银行制的分别或共同作用，使得风险释放机制无法得以分期发挥功效，并随着金融自由化的全球普及，日本政府不断放开利率、监管措施等，这种累聚的银行风险最终爆发于 20 世纪 80 年代末期，并为日本带来之后 20 年左右经济停滞或徘徊的“回报”。究其根本，日本政府对于银行体系风险的防控应重点关注。

第一，日本央行的作为与不作为。日本银行（日本的中央银行）面对日元汇率的升值而大肆“抛售”本币，并通过这种超低利率和数量宽松货币政策引发资产价格的膨胀。日本央行此种举措使得日元这种货币“误进家门”，（即本应投入实体经济而错投入非实体经济），加之日本央行降低法定存款准备金率政策的实施，造成财政和货币“双扩张”政策实施的时间和幅度没有控制好，从而导致资产泡沫的产生。

第二，日本金融监管机构的作为与不作为。20 世纪 90 年代中后期，不良资产肆虐银行业“肌体”，风险的“敞口”暴露使得银行业处置风险手段的迟缓，同时对风险投资工具的认识存在欠缺，造成监管不力和次贷产品风险的发生。尽管日本银行业实行“金融集团”式的混业形式，将有关风险银行机构吸收合并，无须否认的是一定程度上增强了日本银行业国际竞争力，然而这种规模经济和范围经济却因金融杠杆无限制归并和延伸使日本的银行体系处在风雨飘摇之中。又由于单个银行机构追逐尽可能大的风险利润及央行监管机制的非有效跟进，“促成”了微观银行机构风险防范缺陷的显现。1996 年 11 月日本实行的“金融大爆炸”，使得日本政府对金融机构和金融市场的监管更加国际化、自由化并通过变革法律法规加以制度化和法制化，以规定资本充足率、信用评级、要求公开不良债权数额和详细的资产负债表并不断使财务会计制度符合国际惯例等措施来确保日本宏观金融体系的安全。

第三，日本银行业机构的作为与不作为。面对金融自由化以来的银行组织变革，日本银行业的重点经营目标由重视最大效益目标转向追求最大贷款规模。此现象尤其显现在 20 世纪中期之后，加之稽核不力，产生了银行机构通货显著的异常：众多贷款流向不动产机构，而对制造业等融资却呈下滑趋势，具体表现为金融资产的积累速度远远超过实物资产的积累速度。这种由于银行带来的资本过剩，尽管当局采取了紧缩的财政政策和货币政策，但由于事前非生产领域通货集聚过多（1980—1990 年实体与非实体经济增长比率为 1∶4.9），最终形成为 20 世纪 90 年代的不良资产。

（二）中国银行业风险调控的策略

尽管经济金融的自由化、转型与全球化不断交织发展，推动了全球金融更加紧密地联系在一起，在促进全球经济发展的同时也带来了巨大的风险，但“中国模式”显然与“日本模式”并非同出一源。

首先，“中国模式”侧重风险管理预警能力的提高，包括汇金公司和财政部代表国家的资本注入、不良资产剥离至4家资产管理公司等方式应用于四大国有商业银行（工、农、中、建），不仅排除它们历史沉积风险，更为重要的是通过风险排查来优化资产结构，逐渐达到国际银行业的监管要求，为之后的商业化、市场化、股份制及上市做好了铺垫，因此属于“防患于未然”之长效战略机制。

其次，在处理风险暴露时，包括直接风险暴露（即银行机构在相同或相似资产类别下所发生）和间接风险暴露（即银行机构业务交叉导致的风险），以制定审慎宏观监管框架为基点，通过风险管理政策纵向、横向进行传递，将全局银行体系风险损失控制在局部，从而有效控制了“尾部风险”，保证了银行体系“三性”的连续、有效地进行。

最后，通过不断与国际监管制度接轨（包括1988年版巴塞尔协议和2004年版新巴塞尔协议），健全国内银行业的产权制度、信用制度、货币制度、组织制度等方面供给，解决了长期以来存在的银企之关系混沌、“道德风险”、利率非均衡、竞争不充分等诸多问题。同时，从微观环境、中观环境到宏观环境，优化了风险管理体系、健全了较完善的危机处理机制，并伴随金融自由化、金融全球化和资产证券化的发展新趋势，在一定程度上强化了信贷风险监控体系，亦对当前较为活跃的衍生工具环境提出了相对完善的策略（即由复杂性、不确定性到简单性、确定的转型）。

（三）中日银行业风险调控的比较

近年来，随着金融危机在全球范围内的频繁爆发，越来越多的专家学者开始重视对银行风险的事先防范研究。鉴于中日银行业对外开放进程中体现出来的特性，现通过如下诸多方面对二者进行透析，以此挖掘彼此的异同。

1. 中日银行业风险调控的相同之处

中日银行业依赖商业银行的间接融资而忽视压制现代资本市场的发展，造成了银行业风险的来源所在，进而引发了金融的“过度深化”。同时，企业又在银行无限扩张信贷的前提下制造着银行的不良贷款（五级分类法正常、关注、次级、可疑和损失中的后三者为不良贷款），锻造了银企的“暧昧”关系。而中日银行业的监管机构对风险的管理围绕着国际银行业监管指标（如资本充足性、资产质量、经营管理能力、盈利水平和流动性，即骆驼评级制度“CAMEL”）进行操作，而未对“息滚贷”式的信用风险进行实质性的控制，造成形式上符合指标要求，本质上隐藏巨大而不鲜为人知的信贷风险（有时即使为已知也会被银行负责人所漠视），以银企人际技能的发挥替代了银行概念技能的应用，脱离银行信贷风险调控的核心点，使得不良贷款“顺理成章”成为现实。

2. 中日银行业风险调控的不同之处

尽管日本已经实现金融自由化，但日本《银行法》关于外资银行有如下规定：对同一借款人的贷款合计不得超过自有资金的 20%、保有的流动性资产不得低于总存款的 30%、一年期以上的中长期贷款的 40% 必须由中长期存款和负债作为保证、发放的日元存款凭证须限额在其借款额和在日本境外存款额的 30% 以内等。从这些外资银行进入可能引发的风险防范措施不难看出，日本银行业对外开放的进程与其自身的成长和整备几乎同步，加之高度的集中管理，因而实际进入日本的外资银行一般不会有大的作为，不会成为日本金融的主角。

换个角度来看，虽然中国与日本银行业同样具有对外开放的三个阶段（一是引进外资；二是模式转换；三是金融国际化），且均是出口导向性的工业化国家，但随着中国银行业对外开放的逐步深入，带来对银行业改革的不断深化，从而形成对外资银行监管的逐步放松（这种放松是基于监管体系更加完善基础上之产物）。尤其是中国 2001 年 12 月 11 日加入 WTO，吹响了加快中国银行业开放的号角，并随着 5 年过渡期的结束，中国对外资银行实行国民无差异待遇，外资银行在中国一般具有主人翁的地位。

3. 中日银行业风险调控的效果论证

尽管中国银行业对外开放过程中遇到诸如汇率风险、操作风险、信用风险、市场风险等问题，但由于中国人民银行①的风险调控策略得当（如事前控制、并表监管、联席会议制度等），不仅使风险损失降低到最低程度（如 2008 年 9 月始于美国的国际金融危机的影响），更重要的是还获得了预期的经济增长。

日本银行业的开放背景同中国相异，资本的国际流动所遇风险及处理也有自身的特点。具体表现为 20 世纪 80 年代以前，由于受金融自由化的影响，日本银行业对外开放进程中突出的做法是对外输出资本（相当于图 3–4 的 O_1A 减至 O_1A_1），不仅为资本稀缺的国家带来急需资金（相当于图 3–4 的 OA 增至 OA_1），而且促进日本与这些国家和地区的贸易繁荣，形成了日本当时的高速经济增长。然而，在 20 世纪 80 年代中期以后，以“广场协议”为标志的日元升值，使日本感受到汇率风险的弊端（尽管升值初期日本出口贸易不降反增），加之日本央行“顾外不顾内”的政策倾向，由此产生因顾及汇率而产生的本币虚增，并导致后续本国内的日元速率急转而下（大多在非生产领域徘徊，如股市、房地产市场等）。表面上形似财富增长（图 3–4 的 $EHAA_1$），实质上是增发货币的泡沫经济。

四、中国银行业风险调控的未来取向

构建一个稳健而不失灵活的、具备资源有效配置和分散风险的现代银行体系，是各个国家和地区实现宏观经济战略和谐发展的重中之重，中

① 2003 年 4 月 28 日，中国银监会成立，承接原由中国人民银行对于银行业的监管职能。

国应更加重视。在中国这样一个实体经济与间接金融为主、虚拟经济与直接金融为辅的国度，如何确保健全银行制度（供给）与实现经济结构合理（需求）的有效平衡，降低和化解银行风险并以此促进经济长期、健康地发展，是当下研究的主旨和未来前行的方向。当然，可以通过银行制度的演进（即增加银行供给）来提高资源的有效配置，并由此推进经济结构的升级（即增加银行需求），建构转移或消化风险、孵化财富的蓝图。

（一）宏观审慎监管与微观审慎监管并行不悖

中国银行业不仅要关注资本充足率、存贷比率、对同一借款人贷款比例等指标体现的微观风险，更应当关注银行业所面临的系统风险，保持在微观审慎监管的基础上进行有效的宏观审慎监管。鉴于日本银行业监管的经验教训，并通过如此的推进，以实现外生微观风险到内生宏观风险掌控，达到如下监管审慎目标的转型（见图 4–1）：

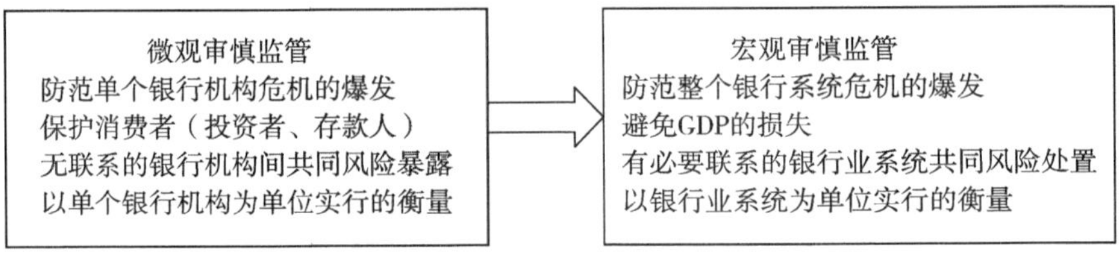

图 4–1　微观审慎监管向宏观审慎监管的转型

（二）制度环境的完善能在很大程度上抑制金融自由化、银行竞争加剧所引致的风险发生

由于银行业金融机构行为主体逆向选择（即因信息不对称使债权人对债务人的资信状况没有进行充分而及时的评价，导致信贷资金最终流向经营质量低下的企业）、道德风险现象的存在，加之金融自由化带来的“金融脱媒”现象，并辅之以高强度的银行业竞争，“给予”借款人充足的空间展示借款的“本领”，形成“多行借、监督弱、高耗费、收不回”的恶

性循环，造成了中国银行业信用体制的滞后。

通过完善银行公司治理结构，在正确实行“三会一层”（股东大会、董事会、监事会与经理层）的基础上，引进国外先进银行的监控体制，例如：以电脑化流程对借款人的流水账、产品等进行评价，实行全方位的事前、事中、事后一体化考查，从而确保贷款指标的良性化。同时，尽快推出银行业风险防控法规，这样不仅从制度上扼制企业的多头恶性信贷等行为、规范银行业资金的供给平衡等问题，而且会从金融工具创新、减少或消灭风险的发生等方面起到引擎作用，保障债权人、股东及银行机构的合法权益，促进银行业健康稳定地发展。此外，由于银行风险最终导致的危机是致命的，因此要层层建立严控体系，实施客户关系管理（Custom Relation Management，CRM），让银行业系统上的每个“节点”一体化，做到“责任人人担、权利人人有、利益人人享”的银行文化氛围。

（三）大力促进银行业开放与发展的“同工同酬”并促进二者的良性循环

中国银行业的对外开放，是建立在改善治理结构、健全法律法规、提升良性竞争、增加经济效能的前提下有效展开的，旨在以开放促发展，拓展银行业国际盈利空间并增强中国的整体实力。通过日本银行业控制通货膨胀与资产价格上扬的反方向运动之教训，警示中国应对银行业不良资产的及时处理、资产泡沫的可能形成等方面引以重视，适时地调整发展战略以便于开放的银行业相互适应。

加入 WTO 后的中国，随着中国经济开放成分的与日俱增，随之而来的是银行信贷的扩张支持经济增长。无疑，这种信贷扩张是以中国雄厚的资金来源作为保障的，截止到 2010 年年底中国银行业金融机构存款总计 733382 亿元人民币，是 2003 年 220364 亿元人民币的 3 倍多。但是，日本在 20 世纪 80 年代泡沫经济的事实告诉我们，信贷扩张应是支持实体经济而并非虚拟经济，否则将呈现“虚假的繁荣”。因此，分析银行业开放度这个内生变量要与人均 GDP、实际利率与汇率、通货膨胀、银行监管、金融深化等外生变量紧密结合，方能促进经济发展的良性互动。

（四）为规避“金融脱媒”和外资银行的影响，中国银行业应及时地关注直接融资市场

“金融脱媒”是当前经济全球化和金融国际化的特有产物，反映了资本流向的竞合性、时效性等，是资本由金融中介转向金融市场的行为取向。受这种时代趋势的影响，银行业必将遭遇经营管理上的诸多困难。中国银行业既要及时关注潜在的信用风险、市场风险、操作风险等，还要着力优化信贷结构，对自身过去、现在及未来的客户进行敏感性分析，增强“上帝”① 对银行的有效反馈。

同时，银行业在严守资本充足率、拨备覆盖率、杠杆率、大额风险集中度比率控制这 4 条底线的同时，更应将资本市场（债券市场、股票市场等）的发展列入增强自身风险抵御的范畴。尽管“金融脱媒”成为当前乃至今后一段时期的发展趋势，但只要提高风险防范意识、健全宏观调控与监管措施、强化管理和服务手段，降低和化解银行业对外开放形成的风险必定水到渠成。

（五）在银行国际化中促进金融创新

目前，中国商业银行金融创新的产品类型相对不足，定价能力欠缺。从金融衍生产品方面看，中国商业银行交易的人民币衍生产品主要是人民币外汇远期、掉期、债券远期、利率互换、远期利率协议等外汇类和利率类的衍生产品服务，而国际金融市场上一些常见的利率期货、外汇期货、股票指数期货、股票期权、利率期权、外汇期权等仍然缺乏。因此，中国银行业在未来国际金融竞争中应加大金融产品的创新力度，以增强自身的

① 在银行业激烈的竞争中，客户被视为银行存续、发展的基石，实行客户关系管理（CRM）已经成为目前银行业经营管理的共识，因此，一般也将客户称为银行的“上帝”。

硬实力，并在这种金融深化过程中规避风险可能引致的负向激励。

中国尚处于金融衍生工具短缺时期，对于现存及未来新创工具遭遇风险概率较大，风险防控的压力势必前所未有。完善风险管理体系，推进先进的风险管理文化，加大风险管理的覆盖面，进一步平衡风险和收益意识，在国际化的金融创新中实现业务发展与制度约束的相互协调，是当前中国银行业国际化中的指南。

第二节　经营管理体制

中国和日本作为亚洲两个有重要影响的国家，在经贸、金融等方面存在若干互补之处。中国自 1978 年开始了改革开放，加快了经济发展的步伐；而二战后的日本经济与金融也发生了波折。尤其是 20 世纪 90 年代前后，中日银行业改革开放不断推进，实现经济体制改革的适应需求。研究中日银行业开放进程中的体制变革，有利于加强两国银行业的优势互补，更好地服务于国家的经济建设。因此，着眼于中日银行业组织结构、经营范式等维度的经营管理分化和并合研究，以本土化研究和利益最大化的视角诠释最终目标，使研究的广度和深度较前人有更大的推进。

一、公司治理结构

研究中日银行业公司治理结构与对外开放的相互依存程度，通过关联性的银行体系构建“有深度且活跃的银行市场”，有利于银行业优化结构、明确范畴和最佳调控。同时，可以导引出有效的金融制度和经济制度，铸造制度性、显著性、持久性的银行体系，引经据典地拓展对外发展的空间。此外，以比较优势效应推动各自银行业的公司治理及经济绩效，进而实现国家战略既定目标。

（一）模式的交融迥异性

首先，中国的中央级监管机构包括中国人民银行和银监会，其中后者负责对中国银行业的经营管理进行辖控；前者则代表国家制定和执行货币政策、参与国际金融活动、组织本国票据清算业务等；而日本存在日本银行（日本的中央银行）和金融厅[①]，前者执行发行的银行、银行的银行、政府的银行职能，与中国2003年3月以前（银监会未成立）相同；后者则承担起全面监管银行、证券和保险业的职责。

其次，中日均存在商业银行。日本商业银行分别按期限、企业规模、服务范围进行了划分，比如：普通银行和长期金融机构分别负责短期和长期的融资，地方银行承担中等规模企业的融资需求等；而中国商业银行是以国有商业银行、股份制商业银行、中小商业银行等形式存在，分别主要承担国有大中型企业（工商、“三农”、外汇、建设领域）、跨区域综合性（个别服务地方除外）、中小企业的融资。尽管中日的商业银行均能够为企业提供一定期限、数额的信用，但从银企对应的功能角度来看，还是存在着如上的不同。

再次，以互助目的成立的非营利法人是中日银行业共有的模式。中国的农村信用社、城市信用社成立的出发点均是社员入股、自助来扶植相互需要；日本的信用金库、信用合作社、农业协同组合等是以会员或合作社成员相互扶助为目的的机构，二者在这方面具有类似的功能体现。不过，日本的合作性金融机构基本设有中央机构，以提高单个金融机构的资金营运能力和加强行业内合作，更好地服务于中小企业融通资金的需求；中国的城市信用社、农村信用社虽不像日本那样具备较完善的中央机构，但它们实行的商业化改造显现出别具一番的风格。

---

① 1997年6月制定《金融监督厅设置法》，1998年6月起实施该法并设立金融监督厅，负责金融机构监管职能并对都道府县信用合作社的稽核和监管，2000年7月改为金融厅，还接管了曾由大藏省金融规划局负责的国内金融规划、立案业务。2001年1月，撤销金融再生委员会（1998年11月成立），将该职能移交金融厅。

最后，中日都有政策性银行且有异同之处。日本政策性银行包括银行和公库，其下又包括很多分支机构，它们均是对民间金融机构的补充，是按照国家规定以特定目的进行融资的特殊法人；中国的政策性银行包括中国农业发展银行、中国进出口银行和国家开发银行，它们分别负责“三农”、进出口和建设的非市场领域融资。从上面简单分析可以看出，中日政策性银行均以体现国家意图为最终目的，是国家调控局部领域融资失衡来促进全局领域经济发展的一种宏观经济政策。然而，邮政储蓄是日本的政策性金融机构，具有免税和不用加入存款保险制度等特殊待遇，以政府信用担保且民间金融机构不能与其竞争，因而使其存款余额巨大，削弱了其他银行的负债（存款类）规模的同时亦即降低了放款规模；中国邮政储蓄银行则是中国 2007 年 3 月以商业银行的形式成立的（邮政储蓄 1986 年 4 月已经开办），主要以发展农村小额信贷为基点，促进国家实施农村发展的战略。值得一提的是，日本邮政储蓄于 2005 年 10 月实行了民营化经营；而中国的国家开发银行于 2008 年 12 月股改成功转型为国有商业银行。

（二）经济指数比较

从中国银行业组织机构类型来看，资产规模较大的依次是：五家大型商业银行（即国有商业银行）、股份制商业银行和农村合作金融机构。截至 2010 年底，在 953053 亿元银行业金融机构总资产中，五家大型商业银行资产总额为 468943 亿元，占比 49.2%；股份制商业银行资产总额为 149037 亿元，占比为 15.6%；农村金融机构①资产总额为 106583 亿元，占比 11.2%；外资银行资产总额为 17423 亿元，占比 1.8%；其他类金融机构资产总额为 211067 亿元，占比 22.1%②。2010 年银行业总资产 953053 亿元约是 30 年前中国刚刚改革开放时（3200 亿元）的 298 倍。各项存贷款稳

① 农村金融机构包括农村商业银行、农村合作银行、农村信用社，资产总额分别为 27670 亿元、15002 亿元、63911 亿元，三者合计 106583 亿元。

② 由于统计或其他问题，这里百分比总和为 99.9%。。

步上升，在各项存款余额733382亿元中，居民储蓄存款余额307166亿元，占比41.9%，企事业单位存款余额252960亿元，占比34.5%，这两项合计达76.4%；在各项贷款余额509226亿元中，短期贷款余额171237亿元，占比33.6%，中长期贷款余额305128亿元，占比59.9%，这两项合计高达93.5%[①]。基于这些分析可以清晰看出，中国银行业金融机构的市场份额逐步得到优化，但仍是以国有股份制商业银行为龙头的银行业结构形式。而日本银行业金融机构的主营业务是以存贷款为主的传统金融业务，不论是何种形态的银行，资产、负债主要由贷款和存款构成。

通过以上的分析不难看出，中日银行业的存款和贷款都在各自领域占据较大的比重，服务经济的方式（或者说企业融资的方式）以间接金融为主，而直接金融的比重相对较低。这样的话，一旦银行体系发生故障，必将影响国民经济的顺畅开展。20世纪90年代日本的主银行制就是典型例证，这势必产生公司治理结构在中日银行业对外开放中的负效应。同时，中日间接金融“一股独大”的经营态势必定受到国际直接金融市场的影响，从而不利于两国银行业对外开放进程的顺利推进。

二、业态模式的战略效应

业务形态是银行经营管理的基石，它的保有和创新不仅有利于提升自身市场力，更重要的是能将本国经济以强势带入国际经济竞争的浪潮并占据优势地位。探究中日银行业的业态模式，可以优先把握前沿要素，强化资源有效配置和最优利用的意识形态，将仅利用国内禀赋资源的内生变量转换成全球共享资源的外生变量，在更大规模和更广范围上参与深层次的经济收益分配。

---

① 数据来源：银监会2010年年报。此处比例值为作者根据各项数据计算而得，但总比值是99.9%。

（一）业务经营模式

中国自 2003 年 4 月 28 日以后总体上实行的是银行业与证券业、保险业、信托业分业经营的银行体制，只不过在不同的领域有适当交叉，比如：银行业可以设立保险代办部，保险业也可以从事一定的银行业务，但各自以自身主业为主；日本经历 1985 年、1993 年和 1999 年的部分领域混业经营后，在 2001 年 4 月彻底实行混业经营，而此前一直在政府的行政管辖下实行分业经营。尽管中日均是以银行为中心的经营体制，也在不同阶段施行相同的分业经营形式支持本国经济发展，起到了相应的促进作用，却以更多、更明显的混业经营和分业经营等差异形式存在于经济发展之中（如日本的子公司形式）。

（二）特色经营制度

日本的主银行制是建立在企业与银行密切关系的基础之上，虽然一定程度和一定时期实现了银行与企业资本供需对接问题，但对于风险资本的投融资发展产生了阻碍作用。例如，20 世纪 90 年代的经济萧条，日本的城市银行背负巨额不良债权，使中小企业的资金筹措严重受阻，显示出这种体制的最大弊端。日本债券信用银行、日本长期信用银行、北海道拓殖银行在 1998 年先后倒闭。到 2002 年 3 月末，全国银行不良债权总额达到创纪录的 43.21 兆日元，不良债权率为 8.4%。而且，日本的间接金融也阻碍了直接金融（即金融市场）的发展。

中国新型股份制商业银行设立的宗旨是为国有专业银行进行商业化和股份化改制带来探索效应和期望示范效应，同时也为了打破国有专业银行垄断、引入市场竞争机制、发展股权结构多元化、促进金融业整体实力和服务水平的提高。体制外进行的股份制商业银行有效促进了产业资本和金融资本更深层地融合，打破了传统资金管理模式和融资渠道的制约。但是，受宏观和微观因素的影响，股份制银行的运营也会受挫。例如，1995 年 8 月 18 日开业的海南发展银行因资不抵债于 1998 年 6 月 21 日被人民银行宣布关闭。

（三）不同业种定位

中日银行业基于经济发展进程中的资金供需，建立了同中有异的业务品种，旨在满足不同时期经济体制变革之所需。例如，日本自1957年建立存款保险制度以来，历经1971年公布存款保险法、20世纪80年代末的泡沫经济破灭和1996年的金融重组，最终于2002年4月1日解除存款保险制度，这一过程完全体现了金融体系变革对日本政府主导型体制到市场主导型体制的适应需求。而中国银行业1978年以来未推出存款保险，主要是从适应社会主义市场经济体制需要出发，不断使“银行服务经济、经济促进银行”的市场化功能得以贯彻。

中国银行业人民币贷款利率已经过渡到“上限放开、下限管理”的阶段，未来利率市场化过程中既会面临利率市场的风险还会存在银行业务的创新机会；而对于存款利率，中国银行业实行的是人民银行统一制定利率，基本不存在浮动区间。日本从1996年10月起，全部存款利率、期限及付息方法完全交由市场决定（除禁止付息的经常账户外）。

（四）规模范式效能

2003年1月，合并后的瑞穗集团总资产高达141万亿日元，是当时全球规模最大的银行。2005年10月，合并后的三菱UFJ金融集团拥有190万亿日元资产，规模居全球之首。在2004年时，三大巨无霸——瑞穗金融集团、三菱日联金融集团（三菱东京金融集团和日联控股金融集团合并而成）、三井住友金融集团的格局就已经改写了日本金融力量的对比结构。日本巨型金融集团的形成，必将提升其在国际金融竞争中的砝码，有力地推进日本国际经济发展的速度和质量。

中国尽管未能像日本那样进行大规模的银行合并，但中国银行业的不断开放和良好的宏观调控必将有效地促进银行业参与国际竞争。四家资产公司（东方、信达、华融、长城）对四家国有商业银行不良资产的接收及汇金公司对其的相应注资，大大提高了资产质量和参与国际投融资的力度，必将使中国银行业在国际上处于领先地位，降低不良资产率，提高经营效益。

三、问题因子探究

以政府的“护送舰队”式金融管制政策、主银行制、外汇管制和利率管制等为重要制度基础的日本银行业经营管理，在20世纪50年代至20世纪70年代中期，加之当时有利的宏观经济环境和稳定的制度环境，有效地促进了经济发展并使经济增速至顶峰，实现了金融与经济互为促进的良性循环。然而，从70年代中期特别是20世纪80年代之后，金融自由化、经济国际化的大趋势导致金融制度环境与经济环境呈现不均衡变化，造成银行治理结构和经营管理受到严重冲击，最终形成泡沫经济。20世纪80年代末泡沫经济破灭后，尤其是1996年的“金融大爆炸”，由于主银行制和相互持股制的惯性作用，引致严重的信贷紧缩和通货紧缩，致使经济萧条“雪上加霜”。

1978年12月改革开放后，中国银行业以国有专业银行为主的分业经营管理的制度安排，成功地促进了当时中国的渐进式改革和经济的快速发展。然而，从20世纪90年代中期开始，由于国有经济部门在财政收入和经济增长中的贡献度逐渐萎缩，原有银行业体制的弊端暴露无遗，并阻碍当时的经济提升速度和质量，因而有了20世纪90年代中期以后的国有专业银行商业化和股份化。尽管随后中央汇金及四家资产管理公司分别以注资和接收不良贷款的方式促使四大国有商业银行资产提升质量并成功上市融资，然而，凸显的集中性信用风险、市场风险、操作风险以及金融创新缓慢、融资体制单一、公司治理结构制衡不够科学等仍是中国银行业长期面临的挑战。此外，中国银行业实行分业经营的限制多于日本银行业目前的混业经营，在银行业不断开放的情况下，对于高端客户销售的金融产品和服务，中资银行处于劣势。

综合以上因素来看，中日银行业经营体制一定程度上的异同，突出金融与经济相互作用、相互影响的关系，更能体现其在两国银行业对外开放中的重要地位。

第三节 利率完全市场化的均衡效应①

在市场经济条件下，参与主体是价格的制定者还是价格的接受者，不仅决定着微观经济主体交易费用的多少，而且关系到经济制度效率水平的高低。处于前者之下的这种价格形成机制，表现为利率浮动权由市场各要素进行调控，从而形成资本自由流动的利益格局。研究利率市场化的形成轨迹并进而挖掘内质，以找寻其对宏观经济的积极或消极作用，为监管部门的战略决策提供理论和现实依据。

利率市场化的国别比较，既可以在方式、时效、内容、地域、操作主体、目标等方面进行优劣势互补，又可以促进制度经济的发展。利率市场化为日本国民经济带来的正负效应，在为日本产生震撼的同时也为中国利率市场化的进程敲醒警钟：实现资源的有效、自由、高效的配置，需要利率完全市场化，但必须基于金融机构具有竞争性的治理结构、人力资源、资本结构和信息沟通渠道等，并适时地进行宏观调控，否则将有可能蹈袭日本利率完全市场化之覆辙。

一、利率市场化演进的路径分析

交易成本的高低可以界定资本流动的充分程度和财富增量的大小，产

① 倪东明．利率市场化的中日比较及其推进效应［J］．现代经济探讨，2012（1）:55-59. 和倪东明．中日比较视角下利率完全市场化的均衡效应研究［J］．金融教育研究，2011（6）:19-22.

权归属的速度和收益可以剖析制度变迁和经济发展。利率作为让渡资本使用权的报酬，通过一个国家或地区市场环境中交易成本和产权归属的变化，影响其对市场的规制性和灵活性。日本银行业开放后利率经由完全管制、相应解禁和全部放开实现完全市场化，而中国银行业开放后分阶段、分业种的逐层推进利率市场化，以此列示并比较两国不同的利率市场化演进历程。

（一）日本利率市场化的基本路径

20 世纪 70 年代中期，金融自由化的浪潮开始进入日本。尽管日本仍在实行高度分业经营与分业监管的金融政策，但利率管制的松动、大企业股票融资和债券融资的解禁，导致“金融脱媒”现象的发生，即直接金融市场（资本市场）抢走间接金融市场（城市银行等）的优质客户，形成后者超额准备金过剩，并将其投向股票、房地产等非生产领域，构成资本买卖和低利率笼罩下的基础货币膨胀，这为之后的泡沫经济埋下了祸根。同时，由于贷款竞争需要的驱使，城市银行等间接金融机构为了获得竞争中的市场优势地位，不断采取非自愿的措施来迎合形势的迫切需求，如放松信贷标准、取消贷款的事前调查、延长贷款期限等，它为 20 世纪 90 年代日本不良贷款及其经济萧条的产生打下了“基础”。

1978 年，日本政府允许银行间同业拆借利率弹性化、票据买卖利率的市场化并通过招投标的方式发行中期国债，它成为日本利率市场化的前奏。次年，日本首次发行大额可转让定期存单，它具有利率高、可上市流通转让且不受《利率临时调整法》（1947 年开始实行）约束的特点，从而迈出日本利率市场化实质性的第一步。随着 20 世纪 80 年代资本市场自由化的逐步深入，政府债券、金融债券开始市场化流通，引进市场连动型定期存款（MMC）和流动性存款（即支付职能与储蓄职能分离且前者不计息），使存款利率自由化得到长足的发展。尽管对银行来说，由于存款自由化带来自身筹资成本的提高，但可以看到金融投资收益率的大幅攀升，打造了当时投资金融领域的空前繁荣。不过不难发现，以银行平均融资利率决定短期优惠贷款利率，进而决定长期优惠贷款利率，这样形成的贷款利率自由化造成恶性竞争形势，引致银行存贷利差逐渐被吞噬，使得银行生存空间受限，发展面临一片渺茫的金融业格局。①

1984 年 5 月《日美日元美元委员会报告书》协议的达成，促使日元汇率逐渐升值，并进一步推进存款利率自由化、放松或撤销业务管制，以顺应全球化、自由化所带来的金融环境变化。应该说，以美国为首的欧美国家要求日本实行利率自由化并开放金融市场的强烈干预，“促成”日本利率自由化的全面实施并得以快速推进。然而，利率的自由化却与实施过度宽松的货币政策相结合，造成货币供过于求的膨胀效用，并于 20 世纪 80 年代末真正形成泡沫经济。

1994 年 10 月实现存款利率自由化并实现利率完全市场化，但 1992—1996 年期间“无形的手”与“有形的手”的协同调控，即日本实施零利率和其他相关刺激经济的政策，以此来治理泡沫经济后遗症，却未能改变这种经济萧条的局面。然而，随之而来的是众多银行经营不善导致的兼并、合并和收购等，形成金融集团格局下的混业经营，三菱日联金融集团、瑞穗金融集团和三井住友金融集团三足鼎立的竞争格局得以于 2006 年 2 月构建完成。金融集团的运作，规避了利率完全市场化后由于存贷利差、“金融脱媒”的负效应，并引以规模经济、范围经济和外部经济等不断找寻国际市场竞争力。

（二）中国利率市场化的基本路径

从 1986 年 1 月 7 日根据《中华人民共和国银行管理暂行条例》尝试放开银行间拆借利率开始，即专业银行双方可以协议拆借的期限和利率来融通资金；到 1996 年 1 月 1 日，所有同业拆借业务均通过全国统一的同

① 孟建华 . 日本利率市场化的背景、方式及特点［J］. 上海金融 ,2004,（1）:41.

业拆借市场网络办理，生成中国银行间拆借市场利率（CHIBOR）；1996年6月1日，银行同业拆借系统全面开始实行，以形成统一货币市场的同时利率也随后相继放开，由此开辟了资金供求关系建立在货币市场基础利率的雏形。

随后，国债、金融债、企业债等以市场化定价方式决定发行利率；银行间债券回购利率和现券交易价格放开；贷款利率也开始于1998年10月扩大浮动区间，使企业贷款利率最高上浮幅度达到70%，下浮幅度保持10%不变。而中国人民银行不断通过公开市场业务来调控商业银行对基础货币的需求，使货币在发行库与业务库间的传导机制得以顺畅。①

2000年9月21日以来，外币的贷款利率全部放开和存款利率部分放开，迎来外币利率市场化的黄金时期，同时拉开中国利率市场化加速推进的大幕。受金融自由化、经济全球化和对外开放进程逐步加速的影响，宏观经济市场化份额的加大与利率市场化的部分行政管理模式还不协调，非市场化的利率（包括利率结构、利率水平和利率体系等）在扭曲着资本的价格定位，偏离商品与货币的均衡数量和价格的最终实现。利率自主定价和完善管理的不断演进，并协同中国人民银行的间接调控，促使利率市场化平稳向前推进，导引金融资源更加合理配置和宏观经济快速健康发展。2004年10月29日，中国已初步形成"存款利率下限完全放开、贷款利率上限完全放开"的商业银行利率机制，并逐步实施非银行金融机构与商业银行协议存款利率的原则。

"十二五"规划中明确提出，"稳步推进利率市场化改革，加强金融市场基准利率体系建设"。这就意味着以中国人民银行基准利率为中心，坚持金融机构和金融市场利率的上下限均能浮动为两翼的市场利率战略进一步得到完善，并将实施于市场化的未来进程中。完全放开贷款利率下限和存款利率上限的进程表，取决于金融机构公司治理结构完善的水平、供应

① 刘明康.中国银行业改革开放30年（1978—2008）[M].北京：中国金融出版社，2009：158.

链一体化程度提高的大小、自律意识与他律意识有机统一的高低以及对外开放中学习与借鉴知识体系能力的强弱等。

（三）中日利率市场化路径的比较分析

日本利率市场化的初衷来自金融自由化的思潮，带来资本借贷非意向性的转移，加剧了资本非正常流动。而且，以美国为首的西方国家对日元汇率的强力干预，造成利率市场化的逐渐升温，并将这种由利率市场化形成的泡沫经济引向高潮。伴随着非实体经济引领日本经济走向20世纪90年代的萧条，日本又在通过市场方式与非市场方式联合干预利率，将市场利率拉向旁路，使金融资源配置失去应有的合理配置。

与日本利率完全市场化的被动激进式不同，中国利率市场化采用的是主动渐进式的推进策略。相对日本来说中国起步晚了20余年（1996年6月的日本已经实现利率完全市场化一年有余，而中国才刚刚正式开始），不过可以发现中国实行利率市场化的步骤与日本相差无几。具体来讲，中国先放开货币市场利率和债券市场利率，再逐步推进存贷款利率的市场化：其中存贷款利率市场化按照先外币后本币，先贷款后存款，先长期大额后短期小额；日本是先国债利率后存贷利率，先长期资金市场利率后短期资金市场利率，先大额存款利率后小额存款利率。随着中国加入WTO，各种开放承诺促使银行业不断开放，给利率市场化创造了相应的有利环境。

同时也能看到，日本在利率完全市场化后政府的过度干预，偏离了宏观调控与市场利率适度吻合的基本理念。尤其是在日本“失去的十年”后半程中，日本政府大力推行零利率的经济缓冲政策，不仅未能完全拉动经济增长的元气，更令人可畏的是这种基础货币扩张还带来了利率市场化理论和实际进程的倒退。为什么这么说呢？利率完全市场化的进程是以市场调控利率并配置资源为主，政府这只“无形的手”应是必要时进行辅控，而日本经济萧条时期却将这个原理翻了个，达不到预想效果也在情理之中。

中国倡导的基本策略，[①]受最近几年由流动性过剩引发的CPI上涨的影响，给目前正在推进之中的利率市场化打上个问号：如何才能确保总供给和总需求在市场条件下的基本平衡？当然，从理论上回答这样的经济学问题并不难，可是基于市场经济体制的视野来探讨，利率又怎样权衡总供给（或总需求）一定的情况下总需求（或总供给）的状况？这需要“利率窗口”式的政府指导，更需要健全市场运营规则、完善市场竞争体系、推动无形市场建设、打造市场先进文化等来发挥利率的市场化先导，这样才不至于使“有形的手”与“无形的手”融合过于严重，达到利率市场化下的金融资源优化配置则会顺理成章。

二、利率完全市场化的原因探讨

日本的利率市场化是伴随着金融自由化产生并最终导向全部市场化的，中国的利率市场化是市场供求与货币政策协调统一、不断融入经济全球化和金融国际化的结果。通过从制度经济学角度分析利率完全市场化的一般原因入手，探究中日利率市场化的起因和完全化的背景，进而使其与两国银行业对外开放相互提供借鉴。

（一）利率完全市场化的一般原因

解决软政权问题，成为利率完全市场化的一般原因，这是指由少数人设计的用以最大化政治控制和寻租活动，从而造成市场机制的错误配置。它主要表现为利率未完全市场化所存的活动空间，并使其成为寻租者得利的武器，市场失灵由此发生。促使软政权向硬政权转变的途径是利率部分市场化到完全市场化的转型，并辅以产权、制度、法律的相关安排。

① 这里的基本策略是指稳步推进利率市场化，建立健全由市场供求决定的利率形成机制，中央银行通过运用货币政策工具引导市场利率。

另外，根据科斯第二定理，“在交易费用为正的情况下，不同的权利界定会带来不同效率的资源配置”就可以明晰，利率非完全市场化的运作方式（如贿赂），必然造成人为交易费用的增加，从而形成“官商”交易下的资源失配。再通过科斯定理，“只要交易费用为零，无论产权如何界定都可以通过市场交易达到有效地资源配置”显然可以察觉，市场化利率方式不仅降低或规避交易费用，更重要的是可以实现资本应用的最佳边界。

利率市场化的改革在某种意义上来讲就是一个不断扩大“自留地”、缩小“公共地”的过程，并以这种差距的缩小程度为标志，体现利率完全市场化的增幅效应。通过将利率决定权引向另一个“极端”（完全处于“自留地”），可以经过双方或多方交易将更多资本应用于生产领域，发挥利率完全市场化这个内生变量的功能，减低由于定价安排不合理所导致的金融资源浪费（即租值耗散），实现更有效利用资源的变迁过程，从而有利于长期的、持续的、显著的经济发展。

但是，信息不完全和机会主义倾向所引起的边际交易成本增加亦不容忽视。如果二者发生的话，那么就表明市场利率尚存调控的空间，并经由利益的驱使而非对称性的“逐猎”。由于资源的重要性、稀缺性和不可替代性的驱动，未能把握关键资源的经济主体势必通过“黑市”“私下交易”等来完成对该种资源的掠夺，引发利率非公开、非公平、非公正的涨幅，跳离利率市场化良性运行的轨道，以致回归利率管制化的经济时代。因此，建立和完善信息沟通反馈机制，培育“有效竞争创造最大财富”的理性氛围，通过市场利率将个人追求与社会追求合二为一，既行之有效又恰如其分地反映利率市场化的调控功能。

（二）日本利率完全市场化的具体原因

实现大额存款利率的自由化，是为了顺应金融自由化的需要；而将小额存款利率仍维持在较低水平，俨然是“护送舰队”框架下金融机构的既得利益所在。这种非完全化的利率结构，构成日本利率完全市场化以前的态势。日本实施利率完全市场化的动因来自外部环境的变化，即金融自由化对国内金融市场的冲击、外部人为势力的联合干预和新兴国家对资本的需求；内部条件的改变，即寻找过剩资本的出路、金融集团形成带来的定价能力增强等。

随着金融自由化不断向前迈进，日益显现出20世纪80年代以前利率管制的诸多弊端。首先，受利率管制和人为低利率的影响，居民资金开始向银行转移（因为其他投资渠道有限），大企业从中获得超额低利率贷款，并为之后的“超借超贷”现象提供了前提条件，从而使这些企业安全经营意识降低，利益均衡度不等。其次，由于日本对外汇法的修订，允许资本国际间自由流动，使得资本由利率低的国家流向利率高的国家以追逐利润成为现实，这对利率管制提出了相当大的挑战。再次，国债发行的庞大数额、价格管制和强行分配方式，引起银行经营成本的上升和不满的情绪，促使利率管制的松动。而且，利率高、可流通转让的金融创新工具的出现（如大额可转让定期存单），为存款者绕过低利率限制寻找高收益投资渠道提供了可能。还有，西方国家对日元汇率的联合干预，迫使日元汇率平衡下的利率下降形成，引发资本流出和银行信贷资金未进入实体经济部门，造成利率未完全放开情形条件的“滞胀”格局。

另外，还可以从诸多方面解释日本利率市场化的逐步深入：一是日本国内金融市场利率的管制，造成国内外利率的差异（日本国内利率低于实行自由化国家的利率），形成日本的资本外逃（如争相购买收益高的美元债券）；二是利率缺乏灵活性导致外国资本无法顺利地流入日本进行生产性投资，使日元汇率出现低估现象，同时这也成为美国等国家贸易逆差的借口，引发日元汇率非寻常性地开始走高；三是日本银行对实行利率市场化的态度由反对向支持的转变，构成了日本利率市场化快速推进的官方催化剂；四是日本银行业不断融入全球经济和金融体系中，加之以获取国际市场竞争地位而涌现的大型金融集团的强力推行，只有利率市场化才可以增加日本银行业在日益开放的全球金融业中的市场份额。

（三）中国利率完全市场化的具体原因

尽管中国利率市场化始于加入世界贸易组织（WTO）之前（2000 年 9 月 21 日），但对外开放广度和深度的快速推进，迫使中国对于影响利率市场化的因素加以分析和解决，旨在实现如下一些目标：一是通过自由决定的利率水平来决定资本价格，提升中外资银行业有效竞争的层级；二是通过有序推进利率市场化，为货币政策的制定收集资金流动信息，更高效地实现资源最佳配置；三是通过利率市场化向更广范围拓展，实现减低交易成本、加快资本流通速度、降低和化解金融风险；四是通过利率市场化的不断完善，必定有利于人民币的自由兑换，推进人民币国际化的进程，从而便利国际贸易以增加外汇收入。

随着部分领域利率决定权的让与，市场化利率已经成为当下中国追求资源更加合理、有效配置的方向。长期以来，中国严格的市场准入管制、利率管制和汇率管制，形成干预型金融管制下的金融抑制，使得银行业的存贷款利率不能正常反应资金的供求关系，尤其是商业银行的存贷款利率缺乏弹性，导致金融资源的低效配置和流动。中国实现利率完全市场化的内在动因不仅在于参与外资银行的竞争，还在于令资本高效流动，并通过该种操作使金融资本与产业资本能够无障碍地相互转化。尽管中国目前利率未完全市场化，未来实现日期亦未决定，然而目前银行业对外开放的深入进行和经济的深层开放已经使这种情形变得相当明朗。

基于市场利率的成熟化程度，能够反映银行存贷款的基准利率，更能有效地促进资金融通和资源配置。目前中国的货币市场还不发达，尽管 1996 年 6 月 1 日建立了全国银行间同业拆借市场，2007 年 1 月 4 日上海银行间同业拆借利率开始正式运行，但中国目前银行业全面对外开放的现实，要求中国深入推进货币市场的开放度，包括参与主体的多样性、参与客体的创新性、交易规则的适时性和货币市场的网络性等，为利率市场化的完全性和有效性提供动力，带动利率配置资源的水平。但是，目前中国城乡之间、部门之间、产业结构等存在的差异，资本剩余和资本缺口仍然独立存在，并受政治、经济、社会、技术、自然等因素的影响无法形成往来效应，利率这一配置资源的工具更是无法发挥其应有功效。如此种种，在中国推进社会主义市场经济建设的进程中，必然要通过发挥利率市场化来调节各方摩擦性关系，创造符合市场信号的资本价格体系。

三、利率完全市场化的效果论证

出于资源的合理配置和中央银行货币政策宏观调控的需要，利率完全市场化可以有效改变金融竞争的基本格局，实现政府管制到宏观调控的转型，加快国际金融业的发展步伐。但是，由于利率完全市场化带来的各种负面效果亦不容小觑，也许正是这样的一种（或几种）弊端会拉退世界金融发展的进程，进而为经济全球化和金融国际化的良好前景蒙上阴影。通过对中日利率完全市场化所产生的效果进行比较分析，以便达到双方均有所裨益的目的。

（一）日本利率完全市场化以来的效果分析

自从 1995 年日本利率进入完全市场化的时期，它改变了过去间接金融“一股独大”的局面，推动直接金融市场的繁荣，使分业经营与监管体制逐渐向混业经营与监管体制过渡。这样，在扩大资源最佳配置的前提下，充分发挥了利率对经济的市场化调节作用，既实现了微观经济主体成本最小化、收益最大化的目标，又对货币政策应用利率市场化进行宏观调控提供了最大的便利。

然而，利率完全市场化却对经济金融发展带来另一方面的影响。利率市场化的深入推进，银行机构竞争日益激烈，以致出现“存贷款利率倒挂”（存款利率高于贷款利率）的现象，使得银行经营入不敷出，中小银行破产和被兼并时有发生。同时，银行信贷资金大量地流入股市和房地产进行投机性追逐利润，形成所谓的“G—G′ ”资本循环，而增值部分（G′ – G）只是日本银行增发的基础货币。进一步地，利率完全市场化是与资产价格破灭后的经济衰退同步进行的，并促使日本银行不断增加基础货币投放来降低市场利率，以致 1999 年 3 月开始实施并持续 7 年之久的零利率政策（1999—2006 年）（扩张基础货币政策失效下进行的）。日本政府强力干预下的通货紧缩与利率完全市场化的链接对当时的萧条经济是否产生实质影响了呢？这里不妨先通过凯恩斯的货币需求理论加以论述。

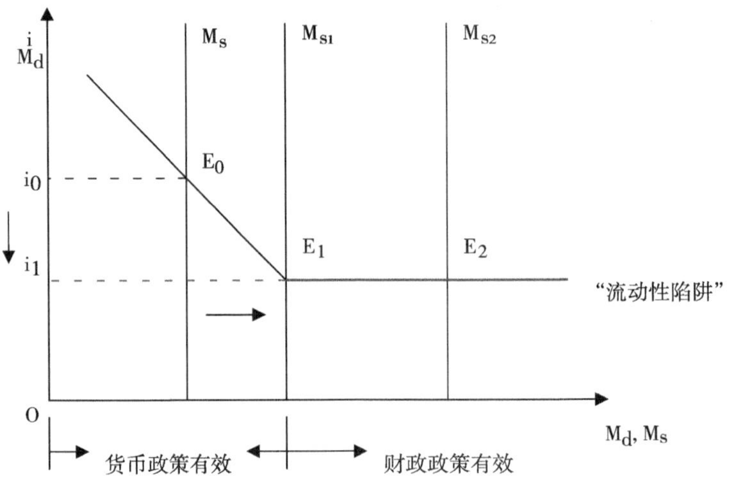

图 4-2　凯恩斯学派下的利率作用机制

资料来源：人力资源社会保障部人事考试中心. 金融专业知识与实务［M］. 北京：中国人事出版社 & 中国劳动社会保障出版社，2011：21.

在图 4-2 中，在初始货币供应量为 M_S（因为利率完全市场化的背景下货币供给独立于利率变动，因而其表现为一条垂线）的情况下，货币供给 M_S 和货币需求 M_d 相交于均衡点 E_0，此时均衡利率维持于 i_0 水平。随着中央银行货币供应量的逐步增加（由 M_S 至 M_{S1}），并使利率趋于下降（由 i_0 至 i_1），供求均衡点随之发生变化（由 E_0 至 E_1），表明这种扩张性的货币政策开始奏效。但如果中央银行继续增加基础货币的投放（由 M_{S1} 至 M_{S2}），供求均衡点发生平移（由 E_1 至 E_2），而此时利率仍保持 i_1 不变，说明中央银行的货币政策不再起作用，因为利率已经低到一定程度，人们更愿意将增发的货币手持，从而进入凯恩斯的“流动性陷阱”，但此时可以施行扩张性的财政政策。

日本在市场利率降为零的情形下仍然于2001年3月实施量化宽松的货币政策（如购入长期国债和私人证券等），但民间的消费、投资和物价水平等不能消化这样的货币量，它们仍维持之前的低位徘徊（相当于图4–2由E_1点向右侧的“流动性陷阱”）。这说明日本通过影响中介目标（如利率、货币供应量和贷款量等）来改变经济变量（如财富变动、资产结构调整和社会信用总量变化等），进而实现货币政策最终目标（物价稳定、充分就业、经济增长和国际收支平衡，下同）这样的货币政策传导机制受阻，使得重振经济计划几近落空。

具体来说，自2001年3月数量宽松的货币政策实施以来，基础货币年均增长速度约达8%，而1990—1998年期间基础货币增长速度仅为4.5%。尽管这样，广义货币M_2并未显著增长（1999—2006年只增加19.8%）、对私人部门贷款不增反降（新增的基础货币表现为对政府贷款和对外国债权），使得金融资本转为产业资本的渠道不畅通。受利率市场化的作用，有价证券市场的利率水平亦呈下降趋势（2006年后回升），因维持零利率而施行的数量宽松的货币政策带来的是大规模的套息（利）行为，阻止了资金流向实体经济的速度和数量。因此，在银行业开放的条件下，低利率甚至零利率和扩张性的货币政策，并不会刺激实际有效需求，反而会因利率国际差异带来的广泛套息（利）使最初政策发生溢出效应。

（二）中国利率完全市场化的效果分析

目前，外币和本币部分市场化、债券回购利率和国债利率等完全市场化，加之企业债券、金融债券、商业票据和货币市场交易完全不受贷款基准利率的限制，并全部实行市场定价已成事实，以及商业性住房贷款利率浮动范围的逐渐扩大等，在一定程度和范围内增强了各自领域的自行定价能力和市场竞争能力。这些业种利率的完全放开，对于获取银行业已完全开放的相关市场份额起到重要作用，并对资本的合理流动创造软性环境。毋庸讳言，中国银行业全面对外开放以后，外资银行的法人化以及利率衍生产品和其他国际金融创新工具的实施和推出，正在中国的金融市场上演绎新的金融战争。

然而，利率市场化的逐层推进，是与部分逆向效果相伴而生的。一是利率市场化后，大型国有银行（如工农中建）由于规模效应和范围效应形成垄断价格，造成中小银行和非银行金融机构通过提高利率方式来参与竞争，这不仅增加其融资成本，还会加大高风险投资的概率，从而导引金融危机的发生；二是利率的市场化，使资本逐利的本性显现无疑：从农村、经济不发达地区向城市、经济发达地区转移，在扭曲资金有效配置的前提下使穷者更穷、富者更富，不利于转变经济发展方式，进而拉大区域差异、破坏社会稳定；三是利率实行市场化，加大“金融脱媒”的步伐，使得中国以间接金融为主的金融体系格局发生改变；进一步加快资本平均流通速度，考验并敦促监管体制的国际化变革；四是利率市场化的深入进行，恶性竞争、国际游资和机会主义行为会带来资源消耗，导致有效配置的资源供给不足，引发利率非正常的上扬，进而引发非常规的经济萧条。

尽管这样，中国人民银行仍推出债券远期、利率互换和远期利率协议业务等利率衍生产品，以增强投资者管理利率风险的能力，以及商业银行通过市场有效管理人民币利率风险的能力，并促进市场稳定、提高市场效率，旨在促进市场的价格发现，为人民银行制定和执行货币政策传递及时和有效的信息。同时，通过营造更加良性的市场竞争环境、完善更加通畅的货币传导机制，推动整个金融产品与服务价格体系的市场化，进而提升利率市场化的完全速度，因为利率本身是涉及多种价格构成的整体。因此，利率完全市场化是货币政策作用于银行体系和实体经济的路径和手段，并进一步反作用于宏观经济的整体和协调发展，实现利率对于宏观、中观和微观的纵向贯通。

（三）中日利率完全市场化的效果比较分析

利率市场化的稳步推进与以利率为中介目标的货币政策传导有效配合，有利于稳定股价、房价等资产价格的波动，防控流动性过剩引发的泡沫经济。受美国等西方国家诱致而加速利率市场化的日本，日元的升值和增发、实施货币政策的欠当，导致利率下降，并将资金非自愿地引向股市、房地产等非生产领域进行投机盈利。被动延伸的利率市场化与宏观调控的货币政策的“配合”，使日本经济偏离正常发展的轨道。进入 20 世纪 90 年代，日本逐步推进利率完全市场化并最终完成于 1995 年（此时中国利率市场化尚未正式启动），同时伴随官方通货紧缩的政策来提高利率，显现在人们眼前的是企业和银行因无力承担巨额的成本而倒闭，由此导致“金融大爆炸”的实施，并通过金融机构的并购实现金融集团化经营。

进入 20 世纪 90 年代中期，日本已经实现利率完全市场化，但处理不良贷款的操作使日本的这种利率市场化发生扭曲，从而利率市场化的功效发生偏颇。不过，2011 年 3 月 11 日的大地震，日本政府通过向市场注资的方式促使日元汇率升值的势头得以“降温”，这也显示出虽然利率完全市场化，政府的作用仍是不可或缺的。中国利率完全市场化虽然尚未实现，但依目前的态势应该属于时间的问题，作为政府一方在为这种目标努力的同时更在为进程中的利率风险做好处理的准备。尽管仍处于利率完全市场化的中前期阶段，以市场为主体进行资产定价已成为目前中国市场经济的一部分，不过多个时期爆发的物价上涨还是引起人们对于利率完全市场化前景的担忧。因为这与日本在 20 世纪 90 年代中后期治理萧条经济时采用零利率所获效果正好相反：日本当时实施积极地货币政策，却未能引起银行体系信贷量投放的增加，物价维持低位基本不动；而中国 2007 年以来物价持续上涨的现象与日本截然相反，给人一种利率市场化完全失控的感觉。人民银行的紧缩性货币政策（提高法定存款准备金率、提高利率）却与政府的扩张性财政政策（减税、增加政府支出）相继出炉，不免产生难以捉摸的印象。

利率市场化的完全展开，规整人们以讨价还价形式重新缔约的努力，通过相对价格的变化改变人们的激励结构。这样，既可以减少由既得利益集团带来的利益分配不均的问题，又可以通过利率制度创新来整合市场经济主体。市场条件下的利率体制，能够挖掘资产中的经济潜能、整合分散的信息、完善非排他性的财富环境，突出市场利率的可转让性、延续性、相对稳定性和资源高效性等特征。尽管利率完全市场化仍需政府的宏观调控相辅佐，但前者对于低生产力与高生产力的辨析，可以为后者提供决策依据和制度安排，促进利率对于政治、经济、社会、技术和意识形态的融合功效，提升市场经济国家和谐发展的层级。

但不可否认的是，利率市场化协同中央银行的独立性、货币政策的透明性和浮动汇率制会构建一种新型货币政策框架——通货膨胀目标制，它可以减少货币政策工具与四大最终目标之间的中间目标，而经由通货膨胀的实际值与预测值之差是正是负来决定采取紧缩性或扩张性的货币政策。这样，通过金融领域与实物领域互通的方式，减少人为干扰市场利率的作用发挥，进而实现产出稳定和价格长期稳定。通货膨胀目标制的实施，可以为利率自行调控市场减压，扩大利率自由活动空间，能够更好地体现利率市场化调节资源的作用。

四、中国利率完全市场化的均衡效应研析

利率管制及金融分业经营与管理的模式给日本经济插上腾飞的翅膀，但利率管制放松尤其是完全放开后却使其经济处于稳步甚至下滑的态势。尽管经过“金融大爆炸”式的资产重组恢复了一些竞争元气（比如自身定价权导致的规模经济和范围经济），不过若是细细品味不难发现，直至今天日本利率“完全”市场化仍是以政府信用为相当基础，金融产权、社会信用体系等亟待解决的关键问题。加之日本金融业对外开放的水平和层

级，使这种市场化的利率体系脆弱性显露无遗。

再观中国，作为传导媒介的利率在市场经济条件下尚未充分发挥其功效，利率市场化的实施和深入，逐渐将利率从行政性限制过渡为市场化管理，因而趋向构建成熟模式的市场利率体系。然而，目前市场化不完全的利率生成体制及其微观经济主体的不理性反映，造成利率传导机制的负外部效应，未能有效衔接货币政策工具和宏观调控的最终目标。因此，改革和完善利率传导机制、释放利率市场化的最大功能将成为未来的必然趋势。

鉴于中日的经验与教训，中国实行利率完全市场化应着重考虑以下措施：

（一）关于产权的问题

科斯第三定理明确指出“产权的界定、安排和重新安排都存在交易费用并且都有可能被过高的费用所妨碍”，[①]这表明产权的初始界定并不意味着资源的最佳配置，还需要经济主体之间的配合才能降低或化解交易费用，从而达成资源最佳配置状态。利率完全市场化可以实现产权的不同界定，这不仅不会阻碍资源的最佳配置，还会使一种最佳配置不同于另一种最佳配置，因为它保证了社会财富总量的增加（只不过分配主体不同）。如果产权不明确或模糊，势必造成交易对象生产的无效率或阻碍交易行为的发生，导致由这种无形的交易成本带来的交易规模的缩小和效率的损失。

同时也应该看到，人们可以通过利率市场化选择交易成本最小的经济体制，进一步促进经济结构最优化转型，实现企业规模和市场规模的均衡。当然，“共同财产”、内幕交易、寻租设租、官商勾结等又会使产权界定陷入困境，对利率的市场化提出挑战。溯本求源，充分发挥产权的占

① 盛洪．现代制度经济学（下卷）[M]．北京：北京大学出版社，2004：9.

有、使用、收益和处分之职能，适当地利用政府和法律的强制性功能，推进产权的完善和利率对市场经济的调节作用。规范产权体制，并不是进行产权约束，而是通过它带动利率在完全市场化中传导和反馈信息的功能。因此，产权进一步明晰应是中国利率完全市场化前的重要操作。

（二）关于信用体系的问题

利率完全市场化实现于一种市场经济、信用经济和法制经济等文化氛围中，需要全社会构建和完善信用的评价、激励、约束和保障等机制，这样才能使行为主体平等、公平地进行交易，才能突破关系经济的瓶颈来实现信用经济。金融创新工具的不断繁衍，对原来比较适合市场经济的契约模式形成威胁，也对利率市场化的内涵提出更多的考验，即利率的资源配置机制如何体验到诸如期货、期权、互换等金融创新工具的投机行为中、市场化利率的高低造成国际游资的短期频繁出入、利率市场化对短线和长线领域资金的错配等。所以，改革中国的信用短缺或信用危机，建构适合市场经济的信用体系，成为有别于日本的中国式利率完全市场化。

那么，如何建构宏观、中观和微观（简称“三方”）信用供求链，提高信用在其相互之间的无形资产价值呢？在当前银行业完全对外开放的背景下，对于偿还能力（Capacity）、资本（Capital）、品格（Character）、担保品（Collateral）、经营环境（Conditions）、现金流（Cash）、管理（Control）和事业的连续性（Continuity）（即“8C”），微观经济主体（借款人、存款人）和中观经济主体（商业银行）先分别进行事前、事中和事后的自律与他律，然后构成相互信任、协同奋进的共享机制。同时，宏观调控机构应从法律上、竞争秩序上予以积极引导，通过契约经济、产品创新、“三公”[①] 效率等来查验利率市场化的进程和效果，旨在经由货币政策工具对信用总量进行必要的供需调整，维持和提升“三方”信用体系在利

① “三公”是指公平、公开、公正。

率完全市场化推进过程中的相机抉择。

（三）关于风险的问题

尽管风险是未来的不确定性安排，但通过识别、衡量和处理后使成本最小化和安全保障最大化则是风险管理的目标。处于市场开放下的利率水平、利率结构和利率体系必然面临道德风险、逆向选择等冲击，使利率市场化运行偏离预定轨道的概率加大。加强负外部性内在化（科斯，1991）、正外部性内在化（诺斯，1993）等，实现外部经济的内在体制转型，以战略控制的视野审视利率完全市场化可能遭遇的各种风险。因而，对于中国来说，实现预期利率完全市场化的目标应建立在国际环境机会与威胁、国内金融体制优劣势分析的基础之上，打造安全防范体系来推进利率市场化的完全实现。

在市场经济体制下，利率用来调节非专用资产的有效性水平，在谈判费用、签约费用和实际损益等方面遭到未预料的风险，使异质性的消费和投资等总需求与总供给发生失衡成为可能。针对此种情况，债权人和债务人应通过选择有利的利率、调整借贷的期限和利用利率衍生产品交易等方式保值或增值；商业银行则以缺口管理（敏感性资产减去敏感性负债后的缺口）为指导，遇利率上升或下降时将该缺口调为正值或调为负值，以提高或稳定自身收益；中央银行与金融监管部门（银监会、证监会和保监会）一起研究处理利率市场化的畸形反映，由中央银行通过货币政策工具对市场利率风险进行归位调控，使其边际扭曲效应降至最低。

（四）关于利率传导机制的问题

逐步推进利率完全市场化，建立宏观调控与微观运作的密切联系，即利率反馈市场运作的信息，人民银行加工处理并反作用于市场经济，进一步促进资源的合理配置。实现这一基本机理，需要进一步完善利率完全市场化下的传导机制，确保上下游节点沟通顺畅，以形成整体效应。这种系统性、全局性和战略性的效应需要利率在市场传导过程中发挥双向引导职能，成为指定政策目标与最终目标完成之间的中枢。

怎么才能正确发挥市场化传导机制中利率的最大功效呢？第一，要大力发展货币市场。在目前银行间拆借利率已经完全放开的情况下，进一步拓展拆借资金的用途、期限、数额等，保障资本由过剩一方的商业银行流向缺乏一方的商业银行，这样的运作既能通过利率的高低引导资金合理流动，又可使社会信用总量保持不变，不至于发生“胀缩”效应。第二，要努力完善资本市场。通过增加交易工具的主体、客体、方式、频率等来成为市场利率的主要竞争对手，以“你进我退、你退我进”的理念带动利率市场化机制的有效运行。比如，在中国 CPI 不断攀高的情形下，如果资本市场上有足够的融资产品可供选择，过剩流动性则被抛向该领域进行高收益投资（利率相对高），这样降低原领域通货的数量和速度（利率相对低），从而不通过货币政策的调控（政府干预）实现市场自我调控，来完成实际经济增长的目标。

（五）关于参与主体的问题

自中国银行业对外开放全面展开以来，最典型的特征莫过于外资银行法人化，以及对外币利率率先市场化，构建了中外资金融产品的市场竞争环境。尽管受到来自外资银行丰富的产品种类、新颖的创新工具、良好的金融服务等冲击，但中资银行业迎接挑战的做法不能盲目求全，而应该通过人民银行征信系统、社会信用评估和广大客户的参与来择定，让那些资本充足率较高、资本约束较强、公司治理较完善等硬约束银行机构首先获得竞争性市场定价权。同时，也会起到对那些自律意识较差、以高息揽储弥补不良资产等软约束银行机构的告示作用。而且，对于以寡头垄断并违背市场规律而形成的产品定价，所属银行机构应被禁一定期限的市场利率参与，不仅可以保证参与主体公平竞争，更重要的是净化利率市场化后的运作环境。

加强后续问题防控，亦成为利率市场化运行关注的热点。进入市场系统的银行机构，在“自主经营、自负盈亏、自担风险、自我约束”之时，应更加积极主动融入利率市场化体系的完善与推广，建立健全良性竞争秩序。由于人的有限理性和市场机制的作用，逆向选择、道德危害等自私自利的行为不可避免，同时也是市场经济运行的主要组成部分。针对出现的这类问题，首先要发挥参与利率市场化的银行机构相互检查和通报信息的基本职能，其次通过上级监管机构和行业协会进行外部监控，然后将损益情况归纳并形成市场利率制度体系。以对诸多要素的整合和再输出为契机，增强激励机制的导向功能、减少各种干预利率市场化进程的不和谐因素，促进利率完全市场化对经济的单位贡献。

（六）关于效应均衡的问题

交易费用理论指出，随着企业规模的不断扩张，交易费用则先是达到与市场均衡的边际效用那一点，然后继续向高于市场均衡费用点前行，这自然导致微观经济主体经济效率的下降。这时，如果经由利率市场化的方式降低微观经济主体的交易费用，从而达成缩小其规模并使这两种费用处于均衡状态，使市场参与主体及其本身恰好盈亏平衡。此时，降低交易费用、资源合理配置、效益均衡增长属于利率市场化的必然结果。因此，中国利率完全市场化的前提是解决微观经济主体、市场、宏观监管机构三者间不能协调统一的问题，再考虑利率市场化完全放开后的个体和整体之均衡效应。

近些年来，由于政府过度的金融优惠政策，导致房地产成为短期内积聚和转移财富的工具，并成为多数人利益受损的市场，这种盘根错节的非均衡利益关系越发显现房价的特殊形成机制。追根溯源，流动性过剩是造成房地产这类资产价格大幅膨胀的主要原因，而因利率市场化的非完全性、非主动性和非有序性引致流动性过剩则不言而喻。加快利率完全市场化的步伐，降低经济增长中的泡沫成分（名义增长减去实际增长后的余额），促进利率对市场的主动而有序的调节作用，资本流动的竞争更加符合资源的配置所需。因此，继续充分发挥利率市场化的效力，对诸如房价这样的资产价格进行单独货币紧缩和财政紧缩，并以此利率的提高作为利率市场化对宏观调控的一种需求，导引利率市场化的体制更加规范、资本流动更加合理、产出效应更加均衡。

本章小结

银行业对外开放的历史进程，注定充满着许多引人深思的异同故事，从过去到现在，也许还会到将来。本章从风险调控、经营管理、利率完全市场化的角度，细致入微地比较了中日银行业对外开放涉及的相关因素，尤其是相同因素比较的前后呼应，将中日银行业诸多层次的开放情形显现于面前。比如，在风险调控方面，日本银行业风险源于客观（包括美国的逼迫及区域或全球金融的动荡）、主观（包括日本银行货币政策的应用、政府的保守思维）等方面；中国银行业同样面临日本式的客观风险因素，但主观上与日本存在着相应的不同。通过比较而知，中国如何做到避险求顺，实现银行、金融与经济的递进增长。

本章对于风险调控、经营体制和利率市场化三个角度的比较诠释，既能反映出银行业对外开放的前期基础，又能体验开放进程中三个方面的异同，还能进行事后对于它们的总结调控。尽管银行业对外开放需要比较的内容错综复杂，但理出必要的头绪并进行精心对比，势必对之后相关角度的比较产生积极的促进作用，从而更好地服务于中国银行业对外开放的顺利推进。

第五章　中日银行业对外开放的进一步比较

在中日银行业对外开放的风险调控、经营体制和利率市场化进行比较之后，不免有人会问：中日银行业对外开放进程中是否还会涉及其他方面问题的比较呢？不错，对于监管、汇率和货币国际化等这些方面异同的深入探究及其获得的体会，有利于中国银行业对外开放的顺利推进和国际竞争力的提升。

第一节　监管体制

随着国际贸易的日益频繁、金融自由化的日益深入、信息通信技术的高度发达和广泛应用等，资本流动全球化、金融机构全球化、金融市场全球化和金融政策全球化已经形成并日益改变着世界金融的总体格局。然而，金融体系的脆弱性、公共利益性与效率互动性反复警示世人：金融风险的破坏性完全能超出预期估计值，产生系统性、区域性甚至全球性的巨大威力。这也同时验证了戴蒙德和戴维格提出的金融恐慌模型（1983）——“羊群效应”。①

由于20世纪70年代以前的金融管制政策，造成金融抑制（罗纳德·I. 麦金农和爱德华·S. 肖，1973）的出现。金融机构受盈利动机的驱使而规避各种管制，并对金融工具、金融业务、金融技术和金融制度等方面进行创新，逐步走向金融深化阶段，从而引领20世纪80年代金融自由化时代的降临。这时，对金融机构监管的逐步放宽，又推动金融创新的进一步形

① “羊群效应”是指人们由于受到多数人的影响而出现的跟从大众的思想或行为，这里主要是指当出现金融危机时人们感到手忙脚乱、无所适从，从而使自身大脑失去应有的思考和冷静并出现盲从心理或动作。

成。但是，单纯由金融创新带来的金融自由化未必带来金融发展，必须辅以适度的金融监管，尽管这种监管要付出相应的代价。因此，供应链“金融管制—金融抑制—金融创新—金融深化—金融自由化和金融监管—金融发展”的形成，可以促使国际金融新秩序向深层进化。同时，金融创新对金融体系可能或已经带来的冲击，又在迫使监管机构实施新的监管，从而形成金融机构与监管机构之间“管制—创新—监管—再创新”的动态博弈过程。这种辩证理论告诉人们，金融创新是金融发展的内在动力所在，这是毋庸置疑的，但更重要的是由于金融监管理论和发展的滞后，使得金融监管的效率下降，间接或直接地阻碍了金融机构经营效果的提升和金融体系向更高阶段的发展。

那么，如何处理好创新、监管与发展之间的相互关系，实现赢点分散的规范理念，就要求解决如下一些问题：一是金融监管与金融创新之间的彼此促进；二是金融监管与金融发展之间的相互加强；三是创新与发展之间关于监管的方式、目标、对象、内容等；四是政府监管与市场约束之间的互相协调；五是外部监管与内部控制之间的有效平衡；六是金融监管与对外开放的有序推进等。种种迹象表明，既要关注效率发达的金融机构，又要重视协同功效的金融体系；既要增加与时俱进的金融创新，又要加快监管之下的金融发展。

一、监管之因：创新驱动

国际经济与金融总量和结构相互依存性的日渐增强，以及世界金融业方兴未艾的创新浪潮，既使得金融机构竞争日趋激烈，又对国际金融合作提出更高的要求和挑战。这种全球创新的步伐是与系统性风险并驾齐驱的，因而亦促升金融界对预防、降低或消除国际金融动荡的传染性进行更深入的思考和付诸行动，以建立和实施全球金融危机预警机制和快速干预机制。对此，拥有全面性、系统性、统一性、有效性的国际金融业监管体系，势必对衍生金融工具进行规范监管的同时，促进世界金融业更加稳健前行。米勒（Miller，1986）认为成功创新的主要推动力量来自管制和税收，而这里重点关注持续不竭的金融创新是加强金融监管的主要推动力，因为前者的速度往往快于后者的速度。

金融自由化后，商业银行的表外业务有了长足的发展，尤其是金融衍生工具（如金融远期、金融期货、金融期权、金融互换、金融信用衍生品等）的交易相对于原生金融工具（如商业票据、债券、股票、基金、存单、货币等）占据了相当大的比重，这些衍生金融工具在场外进行交易则构成监管之盲点。而且，跨国金融并购浪潮的不断兴起，使全球金融市场进入垄断竞争的时代。为防控创新者垄断和超级垄断可能对公平竞争环境带来的风险，确保良性竞争秩序的正常运转，需要对金融监管制度，特别是国际金融监管制度进行创新，达成金融安全网到经济安全网的递进。比如，评级机构对金融监管客体（或对象）的有效估价，是金融监管机构的有力保障。

尽管金融创新会对金融业的持续发展起到一定的促进作用，但它总是伴随一定的风险而存在，并随着金融自由化的加深呈增大趋势。由于金融机构创新的风险性和对金融体系稳定性的冲击，在金融机构需要获得风险报酬的同时加强对等程度的金融监管，将这种创新风险收益转化为创新监管效益，确保金融机构“安全性、流动性、效益性”（以下简称“三性”）的有机统一。这里不妨通过资本资产定价理论来具体分析金融创新与金融监管的关系。①

$$\mathrm{E}\left(\mathrm{r_p}\right)=r_f+\frac{E\left(r_m\right)-r_f}{\sigma_m}*\sigma_p \qquad 式（5-1）$$

在式（5-1）中，$E\left(r_p\right)$、σ_p 分别代表任意有效投资组合的预期收益率和标准差，$E\left(r_m\right)$、σ_m 分别代表市场投资组合的预期收益率和标准差，

① 资本资产定价理论的资料来源：人力资源社会保障部人事考试中心．金融专业知识与实务［M］．中国人事出版社 & 中国劳动社会保障出版社，2011：26.

r_f代表无风险收益率。则：$E(r_m)-r_f$为市场组合的风险报酬，以补偿承担的风险；$\left[E\left(r_m-r_f\right)\right]/\sigma_m$为单位风险的报酬（即风险的价格）。如果金融机构处于完全金融自由化的条件之下，则会引起$E\left(r_m\right)$、σ_m的同步预期增长，但由于信用风险、市场风险、国家风险等使σ_m实际增长速度大于$E\left(r_m\right)$的实际增长速度，易造成金融秩序的混乱，从而在r_f一定的情况下导致金融机构在金融自由化下的实际收益下降。基于金融工具的创新会引致金融监管的协同创新，以此则使金融机构达到金融自由化下金融风险的最小化和金融收益最大化（实际收益超过预期收益）的目标。

日本进入20世纪80年代受银证难以分离的影响，通过放松诸如利率、汇率、组织结构等管制来转型分业经营体制，尤其是1996年11月后经由“金融大爆炸”使得这种组织模式的创新达成为金融集团式的混业经营组织，进而实现由大藏省和日本银行的分业监管到金融厅的综合监管。此种监管体制的变迁源于金融自由化后的衍生金融产品的频繁涌现，不断挑战传统金融产品的生命力，从而形成金融产品转型、经营组织变更和兼顾机构适进的协调格局。中国则与日本金融业创新监管方式不同，主要体现在中国监管体制从集中到分业框架的形成与运行。具体是：首先是依据金融业务的不同而成立不同的金融机构，然后根据业种的不同需求建立相关的监管机构，最后是分业监管体系的形成。尽管受“金融脱媒”、国际金融混业趋势和国内外贸易需求的影响，存在适当业务交叉，然而分业监管的大格局并没有偏离轨道，这与日本金融业的创新监管模式形成鲜明的对比。

二、监管之旅：内外交融

中日银行业的对外开放，在时间、内容、方式等方面各具千秋，既存在迥然不同的发展模式，又能让人看到诸多共性。在已发展的两国银行业监管体制中，摸索并探讨二者对各自领域标新立异的贡献，并充分认识和估计其不足，以此促升它们的创新与发展，旨在实现彼此分工合作的战略目标取向。

（一）日本金融监管体制的演变

二战后，历经“道奇计划”“广场协议”和“金融大爆炸”后的日本金融业，既迎来金融工具、运营模式等诸多变化，同时伴随这些具体操作的监管机制亦令人耳目一新，形成“护送舰队”型、外力助推型和市场引导型等内外交替的监管机制。

首先，政府主导型监管体制的运作模式。美国式金融体制的植入，带来了分业经营的日本金融格局。此时，不仅造就日本银行业、证券业、保险业、信托业等各自独立经营，而且加强大藏省对利率、外汇、金融工具等管制，借助“有形的手”构建“官、银”一体化的运营体系。而且，持股法人化的不断增强，使得银行资本的供给与企业资本的需求链状式联结，在确保银行资本信贷空间扩展和其竞争力提高的同时确保企业生产资本的及时融入和对银行存款的有力支撑，从而建构了“商、银”一体化的主银行制。通过利率设限的方式确保银行业利差的稳定收入，通过对外汇运用途径的限制来降低外国资本对本土银行的经营威胁，通过分业经营与分业监管来保障不同业态利润的均等分配等，造就了银行业的超稳定性和超安全性，对战后资本力量薄弱的银行业起到推波助澜的决定性作用，构建了“官、商、银”供应链一体化[①]的行政保护监督体制，适应了20世纪80年代以前日本经济对于金融资本和产业资本转化的有效需求，带来该时期间接金融体制为主下的经济高速发展。

其次，外力助推型监管体制的运作模式。进入20世纪80年代以后，随着经济全球化、金融国际化氛围的不断强化，日本融入全球化经济的步伐呈现加快的迹象。利率管制、内外分离管制、分业管制等限制竞争的诸

---

① 这里的“供应链一体化”是指金融机构与存款客户、借款客户、职工、政府利益团体、同行、媒体、社区等之间的系统关联。

项措施逐步得到松动：改变了政府通过低利率政策将低成本资金流向核心产业的传统做法，取而代之的是通过利率市场化来配置金融资源的有效流动；1949 年制定的《外汇及外贸管理法》于 1998 年修改为《外汇及外贸法》，以此为标志，将限制外汇流动的篱笆进行拆除；金融自由化的推进，随之而来的是金融衍生品对分业体制发出的挑战，从而引发银行、证券等业务分业经营与监管的难以维系，促进混业经营与管理体系的不断发展。1985 年 9 月 22 日，西方国家与日本在美国纽约广场饭店联合签署旨在干预汇率的协议（即“广场协议”），在将日元汇率引向不断升值的同时，也将日本经济由高引到低并直至 20 世纪 90 年代初的泡沫经济破灭。来自西方多国势力的联合干预，日本政府丧失了自身对金融的有效掌控，迷失于外部力量对本国监管的介入，一门心思地关注平衡汇率，这种“重外轻内”的做法带来经济不断下滑的“回报”。

最后，市场引导型监管体制的运作模式。泡沫经济的破灭，直接导致 20 世纪 90 年代日本经济的 10 年萧条，以及 21 世纪前 10 年经济的一蹶不振。经济迷茫的日本，伴随金融机构的频繁倒闭（如山一证券公司和北海道拓殖银行等）、不良资产的与日俱增等，促使日本金融监管力度的加大，并以银行业机构“惜贷”为标志予以显现，从而形成经济萧条时期的金融监管过度对日本银行货币政策的执行产生负面影响。1996 年 11 月前首相桥本龙太郎推行的日本式“金融大爆炸”，将日本金融引向混业经营时代，出现金融机构的兼并、收购与重组，金融集团的形成并由国内走向国际，锻造规模经济的威慑力。瑞穗金融集团、三菱日联金融集团和三井住友金融集团的整合与运作，揭开了日本金融业集中监管体制的篇章，同时金融“三大巨无霸”推动了国际金融竞争与监管的新秩序。2000 年 7 月成立的金融厅，全面接收 1998 年 6 月 22 日金融监督厅成立时的监管职能以及金融再生委员会的相关职能，使其成为日本的唯一金融监管机构，而日本银行职能的重点是独立地进行金融检查。这与日本金融集团的形成与发展相得益彰，既整合了本国强弱金融机构，又提高了在国际市场的综合竞争力。然而，集团垄断、银行自主性和灵活性受到限制以及银行创新能力削弱等问题，又会促使人们反思：集团式的混业经营与监管对金融国际化进程的推动作用有几成？

（二）中国银行业监管体制的演变

改革开放后，中国经济经历了计划体制到市场体制的转型，与之相对应的则是银行业“大一统”、二元体系和多元体系的逐级转型，同时伴有单一监管和多元监管进行协调，勾勒出中国金融业分业经营与分业监管的多效格局。

第一，单一监管体制的承继。尽管改革开放后中国银行业经历四家国有专业银行的恢复和建立（中国农业银行、中国银行、中国建设银行和中国工商银行，以下简称“工农中建”），到 1984 年 1 月 1 日进入二元银行体系时代；以及之后以 1986 年 7 月交通银行的恢复为引擎，陆续以体制外方式构建股份制商业银行，为“工农中建”四家国有银行由专业化向商业化转型做好铺垫。到 1992 年已初步形成多元银行体系，但仍处于由中国人民银行对银行业、证券业、保险业等集中监管的时期，与改革开放前“大一统”的监管性质并无不同。

第二，1992 年 10 月 26 日中国证券业监督管理委员会（以下简称“证监会”）的成立，形成由证监会监督管理证券业、其余仍由人民银行监管的二元监管时期。接踵而来的是，1998 年 11 月 18 日中国保险业监督管理委员会（以下简称“保监会”）、2003 年 4 月 28 日银监会的相继成立，表明对银行业、证券业、保险业等分业监管时代由此正式形成，中国人民银行则专职货币政策的制定与实施以及宏观调控等。与此同时，《中国人民银行法》《银行业监督管理法》《证券业监督管理法》《保险业监督管理法》等陆续出台，更向人标示法制金融的诞生与深化。2006 年 12 月 11 日以后，中国银行业对外完全开放，外资银行纷纷进入或改变形态，以法人化屹立于中国的金融市场，形成中外资银行同台竞技的金融格局。由此，银监会参按入世承诺和《巴塞尔新资本协议》的相关要求对外资银行实施监管。

（三）中日银行业监管体制的比较

第一，从中央银行角度来看。日本银行在传统的监管模式中处于大藏省的从属地位，只对在其开立往来账户或需要从其取得贷款的金融机构进行监督；而在2000年7月以后的新监管体制中，日本银行则扮演独立进行金融检查的角色，并向金融厅出示检查结果和允许金融厅职员查阅相关资料，形成一种双方协同效应的良好局面。中国人民银行则自改革开放后至1992年10月26日以前是中国金融业的全权监管机构（相当于目前日本金融厅的职能）；2003年4月28日后，中国人民银行只负责货币政策的制定与实施、宏观调控、货币发行等职能，不乏以统计汇总、票据交换、"最后贷款人"等对金融机构进行有关监管。

第二，从监管机构的范围来看。目前的日本金融业是一种集中监管模式，由金融厅负责对银行业、证券业、保险业等进行综合监管，财务省（大藏省2001年改制）只负责对存款保险机构的协同监管职能；但由于金融厅的监管对象仅限于大型金融机构，未在地方设立分支机构，且以监管金融机构总部为主，因而财务省会接受金融厅委托来监管地方中小金融机构。中国金融业则处于"一行三会"（即中国人民银行、银监会、证监会和保监会）的分业监管时代，分别由银监会、证监会、保监会对银行业、证券业、保险业等进行行业监管，并适当地发挥双方或多方的联系制度功效；同时，银监会等按行政区划设置排出机构，行使对大区内金融机构的监管职能。

三、监管之果：和谐发展

基于银行业开放条件下研究监管问题，虽感觉有些矛盾但又不失奇效。不断提高银行业对外开放的质量和速度，则需要将适度监管融入开放进程中，通过监管的成本与收益的对比分析以及监管的不同生命周期与监管收益的比照，理出监管机制对于中日银行业对外开放的作用，并深入挖掘监管之下的银行业发展行径和效果。

（一）监管的成本－收益分析法

银行监管与发展的关系，可以看作是银行自由化时期难以高效解决的问题之一。然而，这里可以通过银行监管的成本与收益的协同分析，经由二者建立起的模型来推解该问题。现在，假设银行监管协调机制的总收益函数为 TR（x），银行监管协调机制的总成本函数为 TC（x），其中 x 代表银行监管协调的水平（或程度）。若 TR（x）＞ TC（x），则表明银行机构监管协调机制产生正效率；反之，则是负效率。如果从边际效率角度来看，当边际收益 dTR（x）与边际成本 dTC（x）相等时，即 dTR（x）＝ dTC（x），此时使银行监管协调机制处于均衡状态；而前者大于或小于后者，都会使银行风险变大或变小，从而引发对银行监管需求的增大或减小，这也正好验证高风险高收益或低风险低收益的一般论述。

对于监管方案可行性的研究，可以将监管决策和执行过程中的成本与收益比较评价制度化，由此从体制上确保提高监管效率。这里涉及三类成本：直接成本（DC）、合规成本（OC）和间接成本（IC），其中：直接成本（DC）是指执行银行监管政策本身所花费的成本，包括银行监管所投入的硬件设施、组织运作和监管人才的培训等；合规成本（OC）是指微观经济主体为遵守监管机构的规定所耗费的成本，换句话说，如果没有这类监管，该成本不会发生，它是为服从监管而引起的新增成本，包括微观经济主体的培训成本、监管机构要求的准备金和管理时间等；间接成本（IC）是指由于监管过于严厉或过于放松，限制被监管者的活力与创新或造成风险扩散使得整个社会福利水平的降低。由此得出：总成本（TC）= 直接成本（DC）+ 合规成本（OC）+ 间接成本（IC）。在此，利用图（5-1）来解析监管与收益的辩证关系。

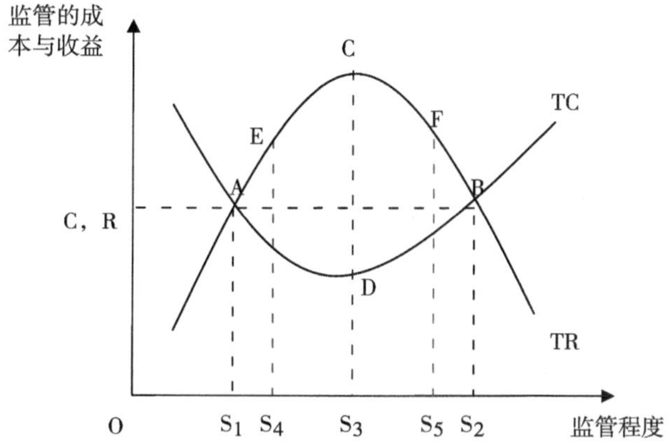

图 5–1　监管的成本 – 收益图

当监管程度较低时，因监管发生的直接成本（DC）和合规成本（OC）亦相对较低，此时的监管效率较低，易造成间接成本（IC）过大，并由于间接成本的付出高于直接成本与合规成本之和，因而使总成本（TC）上扬，即处于成本曲线 TC（正“U”曲线）和收益曲线 TR（倒“U”曲线）的最左端。随着监管程度的逐渐加强，显现总成本（TC）趋于下降、适度监管带来总收益（TR）开始走高的迹象，达到交点 A 后 TC 一直下降而 TR 一直上升，故称 A 点为银行自由化点，并由此点开始引发竞争，进而导致银行特许权价值的降低而形成投机，因而需要更大强度的银行监管。但是，达至 C 点和 D 点后显示 TC 和 TR 分别为总成本最小化和和总收益最大化，表明此时处于监管效应最佳时点。若再继续投入监管成本（即监管由适度向过度行进），只会随着 TC 的变大而使 TR 缩小（即边际收益递减），以致达到交点 B，故可将此点称为银行管制点。因此，处于 A 和 B 之间的区域，尤其 ES_4S_5F 是银行监管最为适度和有效的区域，这时更有利于银行机构的发展。

根据上述的分析可以知道，监管经济作为一种间接经济，克服了银行自由化和银行管制脱节的现象，突出体现了国家调节与自发调节的和谐配置功效，使银行管制下的效率损失与监管条件下的效率提高表现得淋漓尽致。通过监管成本和监管收益的增长型函数关系，分析银行发展型的函数关系，将使银行监管条件下的银行发展成为必然趋势所在。

（二）监管的生命周期模型

银行监管的收益是建立在发挥其协调水平的前提下，使整个银行体系的组成要素在适度竞争、公平效率与和谐稳定等方面达到满意程度获得的。它主要通过如下 4 个监管周期及其循环机制来实现监管的协调水平和增加值的同步移动（如图 5–2）：

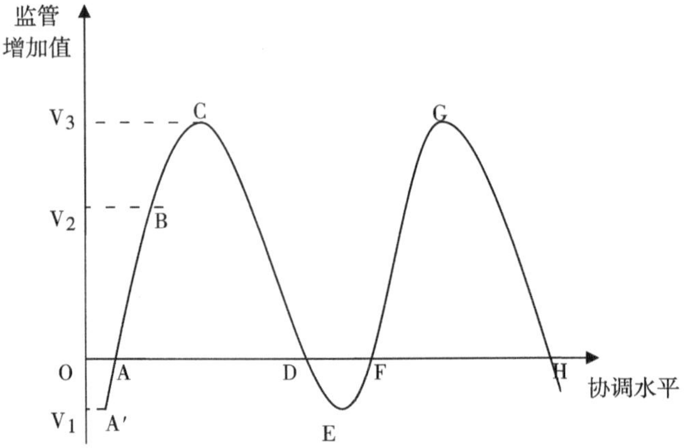

图 5–2　监管的生命周期模型

第一，监管协调水平投入期。监管机构开始对银行机构进行监管协调，此时的银行机构必然增加合规成本（OC）、直接成本（DC）的分摊部分等，造成随着监管协调水平投入的增加（A′　A）而银行机构被监管的收益是负值（V_1O）。由此表明，初期的协调监管对于银行机构未必是立竿见影的，因为前者为后者新增了在此之前没有过的执行成本，即在函数 R=f（x）中，作为监管协调水平的 x 与监管收益 R 在投入期呈反比例关系。

第二，监管协调水平成长期。尽管监管协调水平投入初始期为银行机构带来的成本高于收入，不过二者唇齿相依的效应通过前者的保护合法竞争、防止欺诈、减少寻租和规避系统性风险等行为，而使监管协调水平的投入与被监管的银行机构收益逐渐呈现正比例关系（AB），并将银行机构收益水平由负数（V_1O）转向正数（OV_2），说明银行监管在银行机构之间发挥的协调横向和纵向合作的经济增加值（EVA）得到显现并呈现递增趋势。

第三，监管协调水平成熟期。监管协调水平发挥程度的逐渐完善，不断改善着银行资源配置的效率，并将这种规模效应和银行机构的收益水平推波助澜至峰顶（C 点），突出体现了监管协调水平的整合通过银行机构（V_2V_3）导引社会总体福利水平的普遍提升。然而，这种监管协调的超级成熟度，势必会随着银行机构对监管的接收能力和国内外经济的走势而发生变化，即监管协调水平与监管的收益开始出现反比例关系的迹象（由 C 点向右下方移动）。

第四，监管协调水平衰退期。伴随监管协调水平的投入增加而给银行机构带来收益的下降，进一步使后者对监管不堪重负，出现抵制监管、投机盛行、利益相悖等现象的发生（CD → DE）。毋庸置言，监管机构与被监管机构的这种模式已经开始并深入表现为“一损俱损”的格局，从而要想重归和谐发展（AC）的阶段，则需要改革监管体制，鼓励银行机构创新，降低彼此的交易成本，形成新一轮的银行资源最优配置，在结束本周期的同时将监管协调水平与监管的增加值关系拉向下一个周期的复苏阶段（EF）。

（三）中日银行业监管效应的比较

在 20 世纪 80 年代以前，日本金融监管机构（大藏省）通过低利率、市场准入限制和外汇约束等管制措施，全权代表政府对银行业进行行政保护，造成总成本（TC）居高不下（图 5–1 之 TC 曲线上的 DB 及以上线段），但却带来了经济的高速发展（相当于图 5–1 之 TR 曲线上的 CB 及以下线段的相反情形），形成当时的金融管制与经济增长相互促进的“滞胀”现象（相当于图 5–2 的 AC 线段）。主银行制作为政府管制下的产物，在银行与大企业相得益彰的同时带动了宏观经济的发展，使“银行安全阀”

到“经济安全阀”的递进成为和谐发展的典范。进入20世纪80年代之后，日本监管机构先后受到金融自由化和“广场协议”的影响，不仅对内放开之前的大部分管制，而且不惜代价来维持外力压迫下的汇率平衡，使各种银行资产相继膨胀并造成经济的名义水平大大超出其实际水平，泡沫成分凸显无疑。此时的银行监管真正体现为图5-1之TC曲线斜率为正的线段和TR曲线斜率为负的线段之交相呼应（亦相当于图5-2的CE线段），银行监管的不力与经济衰退的恶化进行到20世纪90年代中期。

与日本同时期日本银行、大藏省等分业监管体制不同，中国实施的是集中监管体制。尽管市场经济体制前的中国多元银行体系已初步形成并运作，但以中国人民银行为领导的集中监管体制是当时的监管格局。此时中国银行业监管总成本相对日本银行监管来说显然较低，但银行业总体营运效果尚佳（相当于图5-1之TC曲线斜率为负的线段和TR曲线斜率为正的线段），并与宏观计划经济体制遥相呼应（当然不乏出现因银行监管不力而形成的银行机构破产并购现象）。

1996年11月至1999年12月的大爆炸式银行改革，不仅推翻了之前日本的银行监管体制，更使以银行不良资产和经济持续萧条为突破口开始实施银行监管新体制。通过银行机构的并购重组，形成具有规模经济和国际市场力的金融集团，催生了综合监管体制的形成（1998年6月22日银行监督厅成立，2000年7月转型为金融厅），银行业、证券业、保险业等集中监管的格局开始面对国内外新竞争格局（相当于图5-2的EF线段）。尤其是“三大巨无霸”的整合成功，更为日本21世纪金融混业监管提出了全新的监管要求。

中国银行业监管体制的转型，始于1992年以后证监会、保监会和银监会的先后设立，标志着集中监管向分业监管的过渡于2003年4月后成功完成。与同期日本银行业监管格局基本相反但又存在相同的一面，即两国均保留中央银行来执行特定领域的监管职能。尽管中国目前仍是处于分业监管体制之下，但金融机构相互部分交叉业务、监管机构联系会议制度等也在警示银行运行机构，对于混合业务的监管可以如约进行，而不是完全处于监管“真空”的地带，犹如20世纪80年代以前日本银行业的格局（相当于图5-1之TC曲线斜率为正的线段和TR曲线斜率为正的线段）。

四、中国银行业对外开放的监管策略

监管源于银行业的创新并推动其发展，这已成为不言而喻的事实。有鉴于日本银行业的开放动因、管制成效、自由化时机、经济萧条和监管体制转型，明晰中国银行业对外开放旅程上监管体制的优势所在和尚存的待解问题，提出适合中国银行业对外开放的国际化监管方略，搭建中国通往世界的银行业监管协作框架，以期实现金融和经济的宏观发展战略。

（一）分业监管的利弊效应

银监会的成立标志着中国金融监管新模式的诞生，此后开始进入“一行三会”的分业监管格局。毋庸讳言，这种监管模式借鉴了国际上市场经济国家的金融监管模式，又权衡了中国的国情和金融发展进程，它促进了中国银行业的有序发展，这可以通过成功抵御亚洲金融危机得到充分验证。但也应该看到，随着中国银行业对外开放程度的逐步加深，外资银行分行和代表处，尤其是外资银行的法人化，为中国金融市场注入诸多的金融产品和服务创新，使得分业经营式的中国银行业与混业经营式的外资银行业在中国境内同台竞争，造成前者的监管受到严重挑战。

1.“一行三会”的协调程度有待加强

金融产品的混合性日益增强，这是现代金融发展的必然趋势。例如，银行的信贷资金进入证券市场、证券回购市场吸收社会闲散资金、保险基金进入信贷领域和资产证券化等现象。尽管这些资金的非合理性流动可以经由银监会、证监会和保监会的联席会议机制得到解决，但非正式性、非长久性等考验着对如此综合业务的监管效率。例如，2004年6月，银监会、证监会和保监会（以下简称“三会”）分工合作备忘录的签订，标志着“三驾马车”式的分业监管机构横向协调机制的建立与实施。然而，这种联合监管只是停留在金融制度层面，尚未上升到法律层面，与金融业服务的市场经济、法制经济等定位目标不对称。

另外，货币政策与银行业监管政策的协调运作，也只是同级之间的低层配合，未能得到相关法律的有力支持，在关键时刻形成相互扯皮的现象在所难免，这种情形在影响分工合作的同时也会危及宏观经济的冷热调控和获取国际金融业的有利竞争地位。再者，再贴现政策的是否执行和交易数量，主动权在于商业银行，而再贴现工具是中国人民银行制定基准利率的参照标准，并直接关系到中国利率市场化的推进速度。这样，不仅影响到“一行”利率出台的精确度，而且对于通过利率和货币供应量调控通货，进而张缩宏观经济的运行是个严重的制约。

2. 不良资产的转嫁导致监管责任不清

企业在衍生品市场上的买空卖空（基于二级市场保证金交易，投资者借入资金购买债券以获得利率看涨的未来收益称为买空，而当前债券的高价格则会诱使卖方借入债券进行卖出以获得当前的高收益称为卖空）操作导致的自身财务困难，使该企业所属银行无法如期保质保量地收回信贷本息，这样银行互相推诿监管责任：银行埋怨证监机构监管不力，而证券部门则怪怨银行对信贷资金管理欠规范。如此形成分业监管的真空地带，并为更多的投机行为以可乘之机，从而造就微观、中观和宏观的风险传递。

从另一个角度来说，监管的责权利失衡，势必导引资金流向的混乱不堪，甚至进入如同日本泡沫时期的股市、房地产等非生产领域，将银行资本转化为产业资本进而形成增值银行资本的正常链条，变形为银行资本到增值银行资本的诡异链条（后者多于前者的原因在于央行增发货币带来的膨胀因素）。这样，名义增长的泡沫成分导致实际增长下降甚至为负，并引发不良资产的增加和经济萧条的诞生。

3. 金融监管成本的增加和金融创新的时滞源于分业监管体制

分业监管的实施，是与各独立监管机构庞大的资源成本支出紧密关联的。尽管进行了相关的监管投入，却无法更好地进行金融机构的事前、事中和事后控制，这样可能会包容非有效性、非常规性的业务。同时，衍生性金融产品（譬如储蓄期货、保险期权等）在分业经营与监管条件下无法得以如时推出，不仅影响到融入全球化金融创新历程的速度，而且难以高效推进金融市场的发展。

目前的国际监管形式，尽管相当一部分国家仍采用分业监管体制，但不容否认混业监管体制的推进速度。金融创新不仅为了规避各种金融管制，还在提高金融服务方面进行了相关的推广，这也正好迎合当前金融国际化、经济全球化的大背景。尽管中国在 2002 年年底出现第一家金融控股公司——中信控股有限责任公司，先后又出现光大控股集团和平安控股集团等混业金融机构，但作为混业监管体制下的对象，金融控股公司会因各监管部门的职责零散而无法进一步设立、允许和更有效地参与竞争，在耽搁提供综合服务的同时阻碍了金融业的高级发展。因此，分业监管体制可能延迟有效、合法的金融控股公司的进一步设立和运行。

4. 监管信息的不完全公开和问题银行的救助影响着监管质量

尽管监管机构关于银行业的诸多违规现象（如银行业的监守自盗、“三查”不力等）予以业内曝光，但监管部门工作如何、是否存在渎职现象等公开比率低于被监管银行机构的公开比率，由此引发的道德危害以及逆向选择必定冲击银行机构的运行和行业内的有序竞争。这在一定程度上形成监管部门“合法”的完全垄断，并对监管体制的创新起到阻滞作用，因为执法的光环促使一部分监管者寻租和设租，构建监管与被监管“二律背反”的经济现象，造成银行业总体运行效率的下滑和经营效果上升的受阻。

由于监管信息的非完全公开，带来银行系统内信息不透明引发的资产和负债质量不良。例如，信贷主管人员的受贿行为导致信贷资产纳入不良资产，而监管者与被监管者的感情因素却阻碍这些不良资产的盘活、回收，并进一步使这种事态逐步恶化，最后再按法律规定进行损失类不良资产的核销。如此行为和后果，正是监管者对问题银行机构的间接资本救助，助长了问题银行的爆发。这样的救助机制只能算作是火上浇油，不仅无益于银行业的竞争与发展，而且是导引通货膨胀的源泉之一。因为账目上的损失类不良资产被注销，但所属货币可能尚存于社会流通体系；人民银行则要经由发行库向商业银行业务库流出基础货币，再通过总闸门的商业银行以弥补信贷缺口方式将这部分基础货币形成通货。即在原有通货的基础上又新增等量货币参与流通，从而形成总供给大于总供求的“超发”现象。

（二）前瞻监管的策略探讨

基于系统论、新制度经济学和信息经济学等思想的引导，结合国际金融业监管制度的变迁，加之对日本金融业变异式发展历程的深入思考，中国银行业监管体制应实现如下的策略转型：

1. 加强纵向监管与横向监管的和谐统一

从日本“金融大爆炸”前后的成败经验与教训中可以看出，监管力度和方式的适度与否，对金融创新和发展会产生系统性、全局性和战略性的影响。“三会”的联系会议监管机制，是一种从单一纵向监管到横纵向监管的综合，亦是由机构监管到功能监管的转化，具体表现形式为相机性协调。尽管这种自发式的协调监管会提高相应成本且使法定约束力稍弱，但至少可以实现一定期间内的群体共同目标价值。为避免监管真空、监管重复和监管冲突等现象的发生，中国应在此基础上，强化人民银行与“三会”的监管资源共享（包括现实共享和网络共享），推进四部门在联合采集、加工入库、监管服务等方面的横向综合协调。

同时，建立或委派一个牵头机构，负责对金融监管机构的纵向监管，以降低监管资源的内耗，提高应变国际金融业日益复杂发展趋势的能力。

因此，应尽快出台监管“一行三会”的综合法律，让“一行三会”均可遵守该部法律的前提下，实现对监管机构监管的有法可依，促进纵向监管与横向监管的和谐统一。这样，不仅解决实行分业监管体制后的货币政策职能与金融监管职能分离的问题，达成货币政策与金融监管的相互协调，而且可以有效识别、衡量和处理非预期风险，实现货币政策传导机制顺畅下的金融和经济稳定运行。

2. 实施货币互换机制，强化区域及全球化监管

欧元区的建立和运行，不仅为欧洲相关国家提供了协调彼此货币政策的制度基石，也为加强区域化的国际金融监管树立了典范。无论监管的广度还是深度，这种国际化的区域货币联盟均比双边或多边谈判解决货币问题更容易被采纳。中国在亚洲金融危机中保持人民币不贬值的做法，赢得亚洲乃至世界的赞誉，这为中国银行业推进对外开放，尤其是人民币国际化进程的高级演进做好了铺垫。因此，中国应扮演亚洲区域货币一体化的角色，建立和实施亚洲部分（或全部）国家区域内的货币互换机制，在降低和化解汇率、贸易等方面冲突的同时提高亚洲区域内银行监管的含金量，从而以监管连接金融创新与金融发展，进一步促进地区性经济均衡发展。

中国银行业于 2006 年 12 月 11 日进入全面对外开放时期，外资银行在中国的风起云涌，挑战着中国银行业监管的基本格局。如果中外资银行分别在东道国和母国均具备良好治理结构，那么通过彼此监管的溢出效应来加强监管的国际协调就显得至关重要。假设一国银行业监管的福利水平 Y 是东道国监管 X_1、母国监管 X_2、环境变化 X_3 的函数，即存在如下的表达式：

$$Y = aX_1 + bX_2 - cX_3 \qquad \text{式（5-2）}$$

显然，监管的福利水平 Y 与东道国监管 X_1、母国监管 X_2 呈正相关关系，与环境变化 X_3 呈负相关关系。即东道国与母国分别释放各自的监管水平并进行监管政策的协调，则会使两国银行业由于监管合作而将监管福利推向纳什均衡。当然，如遇外部环境的变化则会使这种监管福利受到影响。若东道国与母国在监管政策方面未进行协调，尽管会使某一方福利水平高于纳什均衡水平，但这种高水平是以损害对方福利后获得的，是一种典型的损人利己行为，不利于银行业、金融业乃至经济领域的和谐发展。

3. 维持银行监管的创新与适度

处于政府和市场之间的银行监管机构，既要面对由信息革命带来的交易费用降低和监管费用增加的局面，又要正视制度瓶颈阻碍各种要素通过市场机制有效配置的问题。银行监管制度的变迁，不但要解决软政权下的设租与寻租行为，还要降低和化解银行衍生因素所形成的风险。为了达到成本递减性、收益递增性的银行监管效应，应该推动监管制度环境的改善（包括健全法律、文化氛围等）、制度内生化（包括制度安排、知识存量的变化等）和创新安全效益观等，即使被监管机构衍生出制度安排的压力，也要保持和促进监管制度均衡的状态——“帕累托最优”。鉴于日本由金融管制到金融自由化、分业监管到混业监管的经验和教训，中国银行业监管要加强对日益开放条件下监管体制与混业经营趋势的研究和创新，不断推进适度监管背景下银行业全面开放的最大化效应。

在此通过监管的供求均衡效应图来进一步论证银行业适度监管的问题（图 5-3）。

由于边际监管收益（MSR）是监管程度（Q）的减函数，边际监管成本（MSC）是监管程度（Q）的增函数，因而在以监管程度（Q）为横坐标、边际监管收益（MSR）和边际监管成本（MSC）为纵坐标的体系中，MSR 和 MSC 相交于 E_0 点，此点即为监管供求均衡点（或称监管边界），即监管机构的适度监管程度：当监管程度为 Q_0 时，付出监管成本 MSC_0、获得监管收益 MSR_0。任何偏离 Q_0 点的情形，均可表现为监管不足（Q_0 点左侧）或监管过度（Q_0 点右侧）：如果 MSC 上移至 MSC_1 且 MSR 下移至 MSR_1，则意味着“双降”（降低边际监督成本、降低边际监督收益），这时应辅以放松监管（即由 Q_0 左移 至 Q_1），如日本 20 世纪 80 年代之后的放松利率管制、允许业务交叉等，这时监管均衡点应为 E_1；反之，如果 MSC 下移至 MSC_2 且 MSR 上移至 MSR_2，则意味着“双升”（提升边际监督成本、提升边际监督收益），这时既表现为监管过度（即由 Q_0 右移至 Q_2），又表现为一定环境下监管成本投入与当时银行业发展相适应，如日本 20 世纪 80 年代之前的利率管制、分业监管等，这时监管均衡点应为 E_2。因此，对于目前的中国银行业来说，应该努力达至 E_0 点，以此推进对外开放的质量和经济效益。

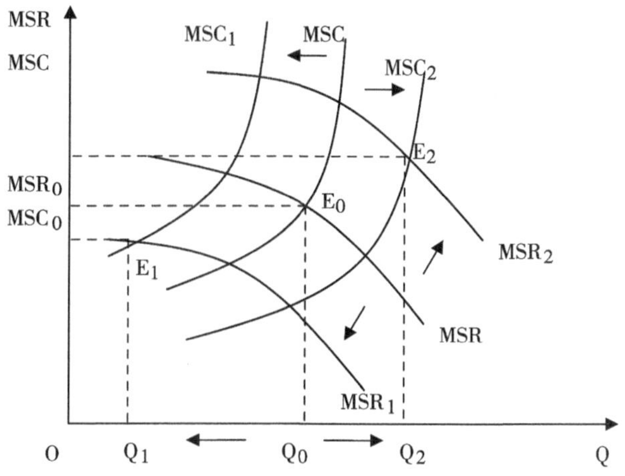

图 5–3　监管的供求均衡效应图

资料来源：尚金峰. 开放条件下的金融监管［M］. 北京：中国商业出版社，2006：34.

4. 建立和完善监管信息定期披露制度

对商业银行来说，信息披露可以作为其股改上市、市场竞争和提高绩效的一项制度；对监管机构来说，信息披露也可以使其对金融机构发挥监管职能，起到减少逆向选择和道德风险方面的体制性功效。针对后者，由于边际信息成本（MIC）的递增性，并与银行监管机构的内部交易（信息不公开）呈此增彼涨的态势，即银行监管机构每公开一次信息就要增加一份成本，从而选择内部交易（不公开信息）的概率提高；反之，每当银行监管机构选择内部交易，金融机构和公众对信息掌握就少，从而产生因信息交流制约下的交易成本增加，并相应地提升风险级别，进而加大银行监管的难度。从这一点来看，监管信息的定期披露，对被监管银行机构和监管机构自身都是受益匪浅。

监管部门应提高信息的收集、处理、报送和反馈等的行政效率，并融入社会中介机构对银行监管披露信息前后的真实性审查，可以推进监管信息的实时共享，降低人为扭曲信息的概率。要通过不断地完善信息披露体系（包括资本充足率、信用风险和流动性风险等定量指标以及管理层评价、内部控制和公司治理等定性指标）并以各种方式定期公示，在“公开、公平、公正”的原则下推进监管体制在银行业对外开放进程中的支撑作用。将监管机构信息进行定期披露，充分发挥市场信誉的处罚效应，防控银行寡头垄断式的市场结构，促升监管机构的指标和体系前瞻性地优化和升级，迎合国际监管最新潮流，推动呈现可信签约与经济发展“1+1 > 2”的效果。

5. 进一步推进危机救助机制

银行作为经营货币资金的特殊企业，在营运过程中伴随着内部人控制、徇私舞弊和买空卖空等现象，这是人类具有的有限理性和机会主义倾向，并借以法律的不完备性和缺乏有效监管来尽显。日本 20 世纪 90 年代由于通货紧缩带来的大批企业和银行倒闭、中国 1998 年海南发展银行的倒闭，两国均通过政府注资和并购重组的方式解决银行不良资产。而作为市场经济体制下的银行业监管机构，以“用脚投票”为中心，注重“揭示”与“控制”问题的进一步创新，推动危机银行机构资产的上市流通转让。这样，不仅促进中国金融市场的“更上一层楼”，还能实现银行机构的危机自助和从人民银行发行库流出基础货币的减少，如此是在以现有通货保持货币均衡，而非通过中央银行增加货币供应量的方式，因为后者之操作容易导引需求拉上型通货膨胀，从而偏离危机救助的初衷。

当然，还要完善问题银行数据库。导致银行经营不善的原因，如内部控制制度失效、资产急剧扩张后的质量下降、资产过于集中带来的偿付困难、流动性不足和从事内部交易等，进行分类、汇总和查验等，旨在“防患于未然”。同时，银行间建立和完善信用评估共享机制，互通相关借款人在存款、贷款、财务状况、现金流、企业经营、管理者和运营资产等方面的信息，以“无缝交易”充实于银行的经营与管理中，并推进监管质量的提高和资源的有效配置。

第二节　汇率体制

受 1971 年 8 月 15 日“尼克松冲击”的影响，国际货币体系发生历史性转折，并于 1976 年 4 月由布雷顿森林体系下的固定汇率制进入牙买加体系下的浮动汇率制。伴随 20 世纪 80 年代后经济全球化和区域一体化程度的日益加深，金融自由化氛围亦逐渐趋浓，表现出世界经济相互依赖、彼此包容与交融互补的协同性增长。然而，频繁出现的国际贸易摩擦、相继爆发的金融危机以及银行业对外开放的诸多风险等，又使这种和谐的国际经济局面变得“乌云密布”。反究此景，汇率问题不仅不能被忽视，反而应作为重要影响因子来加以探究。

以 1973 年第一次石油危机为临界，1974 年日本出现二战后首次经济负增长（实际 GDP 增长率为 –0.5%）。① 但经过此次石油危机的日本，贸易收支连年出现大幅度顺差，主要表现在对美国的贸易黑字上。例如，1983 年和 1984 年对美贸易顺差总额为 206.1 亿美元和 337.0 亿美元，占日本贸易顺差总额的 88.3% 和 98.2%。由此引发“广场协议”的诞生和日元汇率的升值，并在日本银行非适宜和程序化货币政策的“指导”下将经济引向下坡路，招致 21 世纪日本金融业的对外开放之路充满坎坷和荆棘。

自 20 世纪 80 年代以来，中国大多数年份保持贸易收支顺差（仅 20 世纪 80 年代中期的 3 年和 1992 年为逆差），而且顺差年份中多数为经常

① 查询表 2–1 数据即可得到。

项目和资本项目的“双顺差”。尤其是自中国改革开放以来的中国贸易收支持续顺差，不仅给中国带来诸多方面的挑战，同时也引起美国（主要逆差国）对于人民币汇率的“大讨论”。基于当前汇率问题所导引的贸易博弈，已对中国银行业对外开放提出新的要求，并进一步将经济发展方式调整作为战略主攻方向。

从演变进程来看，中日汇率有着相同或类似的经历，但日元汇率20世纪80年代的遭遇必为目前人民币汇率的处境提供决策参考。通过对中日汇率的比较研究，旨在挖掘汇率波动的不同原因及对银行业对外开放的影响，解析经济波动可能涉及的汇率因素，从而找寻关于人民币汇率波动的相关策略。

一、日元汇率与人民币汇率波动的原因分析

目前，人民币汇率已经外罩美国各界的压力和内拢本国顺差的动力，升值车轮一直前行，并呈现出与20世纪80年代中期日元汇率相仿的旅程。但之后中央银行采取的截然不同的货币政策，又将中日汇率拉向后经济发展时期，并宣告汇率波动的表面原因和内在原因的同时存在性，使人能够看到中日汇率波动原因的真实“面孔”。

（一）影响汇率变化的一般因素

汇率作为两种货币之间的一种比价，能够反映一定时期内货币所代表的价值量或购买力，并形成二者此增彼减的上下变动。根据市场、政府、法人和自然人等内外环境的分析可以得知，影响汇率变动的因素主要包括市场预期、政府干预、物价的相对变动、国际收支差额和意识形态等，并可通过下列函数式来剖解汇率变化的一般关系：①

---

① 资料来源：人力资源社会保障部人事考试中心．金融专业知识与实务［M］．北京：中国人事出版社 & 中国劳动社会保障出版社，2011：224.

$$E=f\left(\overset{+}{M}\quad \overset{-}{G}\quad \overset{-}{P}\quad \overset{+}{B}\quad \overset{+}{C}\right)$$ 式（5-3）

这里：本币汇率（E）是因变量，市场预期（M）、政府干预（G）、物价的相对变动（P）、国际收支差额（B）和意识形态（C）是自变量，从而构成M、G、P、B、C与E的函数式。当市场预期（M）变化时，即人们预期本币未来的贬值或升值，就会在市场上抛售或购进本币，从而带来本币汇率（E）的实际贬值或升值，显然M与E呈正比例关系。对于政府干预（G）的变化，主要以外汇供求关系来反映，即外汇供不应求、外汇汇率上涨、本币汇率下跌时，本国政府则动用外汇储备来购回本币；而当外汇供过于求、外汇汇率下跌、本币汇率上涨时，本国政府会投放基础货币来收购外汇，以此可以看出G与E呈反比例关系。物价的相对变动（P）也会影响汇率的变化，即如果本国物价水平高于他国，则表明本国发生通货膨胀，故本币汇率下跌而外汇汇率上涨；当本国物价水平低于他国时，本国发生了通货紧缩，本币汇率上涨而外汇汇率下跌，因而P与E呈反比例关系。

国际收支差额（B）影响汇率的情况可以通过顺差或逆差来解释，即若本国发生贸易收支顺差，则外汇供过于求，外汇汇率下跌、本币汇率上涨，迫使本国政府增投本币来维持汇率平衡，结果导致通货膨胀；反之亦然，本国政府势必通过动用外汇储备收回本币的操作来平衡汇率，那么通货紧缩不可避免，由此可以得知B与E呈正比例关系。针对意识形态（C）如何影响汇率变化的情况，不妨通过主观偏好、政治动机、妒忌和歧视等相关差异来分析，主要是指他国并非旨在促进自身经济的实质增长，而是出于阻止快速增长国家并实现自利（如政治选举）的一种手段，细细品来可以理出C与E呈正比例关系。

（二）中日汇率波动的现实因素

1.“外忧内患”迫使日元汇率波动

从资本稀缺到资本过剩、从产业资本到虚拟资本、从投机盛行到危机四起，这些已成为20世纪80年代后日本典型的经济特征。基于外放内管的经济政策，日本保有数年连续顺差，尤其是对美国顺差比例之大令日美摩擦升级。1984年5月达成的《日美日元美元委员会报告书》，促成了日本资本市场自由化、国际化和全球化，且成为1985年9月22日G5（美英法德日）促使日元升值的前奏。来自美国等西方国家的威胁、金融自由化的机遇和日本国内金融体系的劣势（利率管制、外汇隔离和分业经营），已使日本实施防御型下的扭转战略。

内外环境的改变和促升，在使日元升值的同时促进其国际化，可谓是被动情形下的愿景。然而，针对美国逼迫下的日元汇率升值，日本银行仍然沿循追赶型时期的低利率货币政策，一方面努力保有汇率的基本稳定，另一方面又想回到高速经济增长的时代，却因国内吸收剩余资本的产业空间狭小而丧失资本真实价值，使得近乎零利率的货币政策被茫茫买空卖空浪潮所吞噬，回报的则是凯恩斯所言的“流动性陷阱”。随后，日元汇率随着日本银行宽松的货币政策而逐渐回落，如1987年年末122.00日元兑1美元到1990年4月159.08日元兑1美元，贬值幅度为30.4%。

2.“内优外唤”敦促人民币汇率波动

1993年以后，中国贸易收支连年顺差，同时也开启了人民币汇率改革和升值的时期。1994年1月1日的“以市场供求为基础的、单一的、有管理的浮动汇率制度”，确定人民币汇率为1美元兑8.7元人民币；2005年7月21日的“以市场供求为基础的、参考一篮子货币进行调节、有管理的浮动汇率制度”，确定人民币汇率为1美元兑8.11元人民币，在此期间人民币升值6.8%；2010年6月19日的“进一步推进人民币汇率形成机制改革，增强人民币汇率弹性”。截至2011年9月末人民币汇率为1美元兑

6.3549 元人民币，相比上次汇改升值达 21.6%。①

目前，进入 21 世纪以来美国的高失业率、低经济增长率、财政赤字和两党纷争，正在借贸易逆差转化为人民币汇率升值的压力。尽管美国国会、政府、商界和专家学者等知道人民币汇率并非其贸易逆差的主要问题，但党派利益、选举特需和安抚民众的涌动，已将这种矛头直指人民币汇率加速升值，通过 2011 年 10 月 11 日国会参议院表决及之后众议院的表决，并以最后签署为准则来实施约束。再从中国方面来看，中国人民银行近年来数次提高法定存款准备金率和人民币存贷款基准利率，人民币汇率升值亦在向前推进。

不过，对于人民币汇率目前的升值速度和幅度，美国方面表示不满，认为只有人民币汇率加倍升值才能满足不同阶层的“需要”。基于内质的视角，这一行为趋同于美方怂恿日元汇率的升值，虽做法有别于日元汇率，然结果是美方达预定目标。因此，中日汇率升值缘起的交点，是值得两国加以认真分析和看待的，特别是时下的人民币汇率更应借鉴日元汇率风险的因素、事故和损失，引以本国经济发展方式转变和实际经济含量提升的内在激励。

（三）对中日汇率波动成因的评价

尽管日元汇率被迫大幅升值，但 1986—1990 年日本的实际 GDP 年均增长率为 4.9%，不仅高于 1981—1985 年的 3.3%，而且高于 1974—1985 年的 3.5%。这种不可思议的经济增长反弹，实际包含着大量的泡沫成分。在后发展效应消退的同时，日本未能抓住这样的汇率升值契机进行经济发展方式转变（即由追赶型到开拓创新型），形成 20 世纪 90 年代之后的别样情景则在所难免。究其根由，日元汇率外压下的升值只能称为泡沫经济乃至萧条经济的表面原因，而日元汇率升值的内质原因则是日本银行的货

① 根据刘明康．中国银行业改革开放 30 年（1978—2008）[M]．北京：中国金融出版社，2009. 整理得到。

币政策和政府对银行业的过度保护。

人民币汇率的屡创新高，包括来自美方的压力是无疑的，但并不尽然。以中美贸易差额显现的人民币汇率问题，已成为中美各方关注的焦点，然而外部势力的压迫最终只是凸显问题的表面，中国实施经济结构转型升级、提高外汇储备运用的质量和宏观调控亦会带来人民币汇率的升值。当然，从加速人民币国际化的角度来看，被动和主动的这两方面升值原因均会对此起到作用，但后者更能体现与日元汇率升值的区别。因为日元汇率的升值仅停留在传统经济层面，未能实现日元汇率升值与产业升级换代的一脉相承，加之日本经济增长的起点在汇率升值前已经提升。

辩证地看待日元汇率与人民币汇率的波动问题（尤其是升值），把握汇率波动引发的后续效应和因果关系，有助于推进有效汇率体制的建立和完善。日元汇率的升值，与其说是美国等西方国家干预的结果，倒不如说是日本自身的“制度疲劳”而导引的从属行为；而20世纪90年代日元汇率的贬值，又对这一说法进行了验证。反观中国，存在着如上汇率变动的客观原因，但人民币汇率还主要反映经济体制改革下的汇改，即使升值也可以通过改革来扩散和消化，这正好与日元汇率形成对照。

二、汇率波动对中日银行业对外开放的影响

既然日元汇率受到美国势力的压迫性升值，引发了继后20年的经济萧条，尽管曾以汇率贬值来缓解经济，但收效始终不尽如人意。十余年人民币汇率的升值趋向，尤其是中国自改革开放以来人民币的大幅度升值，形成与当初日本类同的景象。那么，由于中日汇率的先后波动，银行业发挥的作用和受到的影响又该如何来认识呢？

（一）汇率波动建构虚假繁荣

1985年9月，日元汇率受到美国等西方国家的“关照”而升值，大量

日元回流国内和日本银行低利率货币政策的相互融合，形成金融市场资本流通速度的增长远远快于实体经济的增长，助长了买空卖空等投机行为。由于投资热潮一浪高于一浪，日本银行业也受经济“增长”预期的驱使而大量地发放“三查”（贷前调查、贷中审查、贷后检查）不严的各种流通贷款，造成资本与实体产品的脱钩。凭借日元汇率的这种升值趋势，一度使日本经济处于登峰造极之倾向，政府、银行、法人与自然人盲目陶醉至1991年10月22日，终因非实体经济所形成的“泡沫”破灭而遭受惩罚：银行的大量不良资产以及由此引发的日本金融危机。

21世纪10年代前后，人民币汇率的节节攀升与中国房地产的空前繁荣，如此的关联效应更是引人关注。2006年12月11日全面开放的中国银行业，对于可能出现繁荣和收益的任何领域都会加紧信贷投放，尤其以之后的房地产为主。当然，因美国对人民币汇率的施压和中国改革发展的自身需要，中国人民银行由发行库流出基础货币，途径商业银行业务库来增加通货，有着维持汇率平衡之所需。不过，也有国内金融市场中外资银行竞争所形成的所谓货币需求“空白”区，从而使“离需金融中心”（即本应投入生产领域的资本，却因商业买卖声势而背离资本需求区）得以形成。按照经济周期的运作规律，一旦繁荣过度势必滑向衰退，等待银行的是不良资产的发生和累积。

不论日本还是中国，汇率升值均导致了通货膨胀。由于通货膨胀有利于债务人而非债权人，借款者加速并大量地从银行获得资金，虚假繁荣的经济诱使后者进行现金投放，一场借贷“锦标赛”就这样发生了。当实施通货紧缩来治理通货膨胀时，又因通货紧缩有利于债权人而非债务人，此时借款者偿债能力必然受阻，发生银行危机在所难免，以致形成经济发展的恶性循环圈。正如很多经济学家所指出的那样：“货币升值是引起一个国家所有经济问题的共同原因。”[①]

---

① 资料来源：人力资源社会保障部人事考试中心．金融专业知识与实务［M］．北京：中国人事出版社&中国劳动社会保障出版社，2011：147.

（二）汇率波动促升风险外溢

欧美对日元汇率施加的压力，在一定程度上将日本由外汇管制型推进到外汇自由型，促使日本银行业融入国际金融竞争的大市场，由此汇率风险“光临”相互开放的银行业。在被称为“金融自由化元年”的 1984 年 5 月以后，日元汇率的升值使得日本出口逐渐受到减少的影响、处于国际金融市场的银行也会在外币借贷中少收入日元、外币投资中同样会发生少收入日元的情况。这种由于交易风险（汇率风险的一种）引发的实际经济损失，必定会蔓延到日本国内并进一步加速汇率的波动，导致汇率风险的恶性传递。对外开放的银行业，遭受到很难把握成本与收益的核算，因此亦受到折算风险（汇率风险的另一子类）的侵袭，因而银行、跨国企业与政府三者之间的“铁三角”利益均衡机制被打破。

人民币汇率的升值繁衍，尽管存在外部正效应（如人民币国际化、降低以外币结算的进口成本等），但外部负效应更值得重点关注。由于人民币汇率升值，特别是升值预期的强烈作用，首先会导引“热钱”不断涌入以期获得短期收益，同时对于中国人民银行的宏观调控亦是较大的挑战；其次是这种升值带来的汇率风险会影响银行业在国际金融市场中的竞争地位，从而阻碍银行业的对外开放进程；还有就是中国境内的法人银行，会利用人民币升值来兑换外币并将其汇回本国，这样必定影响中国外汇储备的数量和结构，加速国际收支失衡；最后应提到的是，对于拥有大量美国国债的中国来说，定会因人民币汇率的升值带来国债实际收益的下降（名义收益率不变），并受美国量化宽松货币政策的左右。

经济高速增长时期的日本，之所以未发生通货膨胀和泡沫经济，是因为没有美国等造成的汇率升值吗？非也。主要缘起于银行基础货币的供给与经济对货币的需求恰好吻合，不仅没有汇率的大起大落，而且“官商银”均实现增长。而任何事物的发展犹如一枚硬币的两面一样，20 世纪 80 年代中期的日本，尽管美国促使日元汇率升值，但之后日本银行货币政策的误导而使城市银行变成货币创造机器，这样的“官商银”汇率风险能避免得了吗？转观中国，近些年来的经济高速增长虽举世公认，但同样遇到日元汇率升值的问题（即人民币汇率升值），那么中国又是怎么面对这种汇率波动的呢？人民银行数次提高法定存款准备金率和金融机构存贷款利率，已表明货币政策与宏观经济保持灵活互动，同时通过增加政府支出和减税等积极的财政政策来辅以经济不出现过度收缩。

（三）汇率波动引发“隧道视野”

从20世纪70年代初期开始，日元汇率一改之前的固定模式而浮动频繁（1949年4月—1971年8月一直维持1USD=360JPY[①]，到1985和1986年年末升值到1USD=200JPY、1USD=150JPY），尤其是20世纪80年代中期后的阶段。日本本应抓住日元升值的契机，战略性地调整产业布局、规范金融体制。但事与愿违的是，日本未能尽快从高速经济增长的美梦中苏醒，采用同样的手段解决不同时期的不同问题。这样，非但没有激发银行信贷资金的经济潜能，却因交易成本提升而形成经济发展的制度瓶颈（20世纪90年代的经济萧条为证），进而造成汇率波动（贬值与升值）的愈加震荡。

人民币汇率2010年以来的连续升值，仍不能达到美方特殊利益者的特殊需要，因为度过眼前危机已成为美国某些利益集团的共识。按常理来讲，如果美国化解诸如低储蓄、低利率、高消费与投资需求旺盛的矛盾、劳动力成本相对较高、非审慎性政策负效应的溢出和打压高技术进口带来的国内创新度下降等，那么自身汇率风险便可昭然若揭。事实上，美国的现状，如持续数日的华尔街示威游行、经济萎靡不振等，均在昭示美国正在突破短期的政治、经济和社会危机，无暇顾及长期性、战略性和均衡性的政策制定与实施。也许在他们看来，人民币汇率迅速较高的升值能够医

---

① 这里，USD是United States Dollar（美元）的简称；JPY是Japanese Yen（日元）的简称。

治百病，更想借日元汇率的经验来突破人民币汇率，这是典型的“隧道视野”行为。

美国依赖美元的世界货币地位，对中日汇率施加了形形色色的干预，表明其开放演进和制度变迁是以自我为中心的。非理性追求自身利益的强大动力，必是经济衰退的导火索，并会造成长远的“租值耗散”。① 同时，对于银行业的国际化运作势必产生负效应，造成国际游资频繁地进出，在影响他国经济增长的前提下阻碍美国出口不在话下。

三、人民币汇率的中美博弈与调控策略

人民币汇率的波动（不论法定原因还是市场原因）牵动着中美的中枢神经，进而影响两国经济、政治与社会等环境情况。基于当前美国国会的强硬态度和中国屡屡做出的让步，汇率战恐将继续存在，但双赢、双输还是此赢彼输的博弈结果目前难以定论。不过，借以日元汇率的美式波动之经验教训，结合人民币汇率的变动历程，探究人民币汇率波动可能对经济的影响，做好各种应对策略仍是时下中国的重中之重。

（一）中美人民币汇率的动态博弈

目前中美围绕人民币汇率舌战正酣，似乎已陷入囚徒困境，即双方均处于强硬和不合作的态势之中。对于欲选择最优策略的各方来说，都想以最低的成本实现自身利益的最大化。这样看来，这种博弈过程又是怎么在中美双方展开的呢？这里不妨通过博弈模型来解读中美关于人民币汇率的“讨论”（见表 5–1）。

① 租值耗散是指本来有价值的资源或财产，由于产权安排方面的原因，其价值或租金下降，乃至完全消失。

表 5-1　中美人民币汇率博弈对策表

		中国	
		合作	不合作
美国	合作	Rm，Rm	R_l，R_h
	不合作	R_h，R_l	Ro，Ro

资料来源：张兴，张炜．中美人民币汇率博弈——基于新兴古典经济学的再解读［J］．对外经贸实务，2010（7）：31-33.

在表 5-1 中，作为博弈双方的中国和美国，合作和不合作是两种可供选择的策略，分别由矩阵中的相关元素组成不同的数组来表示双方的收益大小。其中，（R_m，R_m）表示双方做出让步后的均衡收益（视为一种极端），（R_o，R_o）表示双方均不合作的收益情况（视为另一种极端），（R_l，R_h）和（R_h，R_l）则分别表示美方合作而中方不合作与美方不合作而中方合作情形下的效用。显然，不同策略下的效用顺序应为 $R_o < R_l < R_m < R_h$。

根据上述分析可以进一步得知，如果中国采取合作策略，美国合作收益为 R_m、不合作收益为 R_h，均高于中国选择不合作策略时的收益。其中，美国不合作收益又高于合作收益（$R_h > R_m$），这也正是目前美国穷尽办法提出人民币汇率升值（不合作）并希望得到中国方面的积极配合（合作），即处于数组（R_h，R_l）下美国收益较大的情况（R_h），而未从双赢的角度出发来考虑中国的收益大小，明显属于一种非均衡解。对于时下的中美关于人民币汇率的胶着状态，用这种解释来概括是不是更合适呢？

当然，如果中美合作，尽管所获收益 R_m 小于 R_h，但又大于双方不合作 R_o 的情形。合作虽不是各方的最优解，然而可以避免两败俱伤格局的出现，这样的机理美国方面应该是很清楚的，不过经济霸权主义和美国国内的现状不能迫使其降低姿态。因此，对于善于创新的美国来说，若能加快经济结构调整、推动产业升级换代、实现资本少数个人聚集到多数领域分散以及放松对绿色技术产品的关卡，提升竞争的有效性和适度性，难道不是解决美国贸易逆差更好的途径吗?

（二）人民币汇率波动的调控策略

综合历年人民币汇率的变动情况不难看出，人民币汇率基本处于上升态势，各方也针对人民币升值进行相应的辩论。因此，调控人民币汇率波动的策略实际上等同于人民币升值的策略，以下即专门对此进行探究。

首先，加快经济发展方式的转变。针对人民币汇率走高的国内外环境，中国应在稳固传统产业经济竞争优势的基础上，提升产业结构调整和技术创新的速度和质量，实现从投资拉动和外需驱动的高投入阶段向自主创新驱动的内生性增长阶段转变。银行业应该充分发挥其“缓冲器”的独特作用（而不是像日本银行业那样只充当货币创造机器），通过“淘低保高”来平衡经济发展区域，拉动货币需求与货币供给实质的、更高的均衡。当然，银行贷款、税费减免和降低壁垒等政策措施是必不可少的，输出人民币汇率升值的真正经济价值不言自明。

其次，以投资多元化规避汇率风险。目前中国持有 1.15 万亿美元的美国国债，这对中国具有巨大的汇率风险、国家风险，因为美国不定期的定量宽松货币政策是人民币汇率升值的主要源泉。为避免政治、经济、社会和技术等方面动机所引发的汇率波动损失，中国不一定就要成为美国的债权人，还可以通过购买资源类产权、房地产基金等来成为所有权人。这样，既可将外汇投资于美国资产，又可以分散风险，前瞻性地优化美元资产组合，并可促进银行业对外开放的竞争与合作。

最后，“撒网效用”有利于汇率稳定。中国外汇储备的日益增多，是中国经济多年来对外开放的结果（包括银行业对外开放的成分），表明中国已不存在外汇储备的捉襟见肘。然而，巨额的外汇储备，不仅要考虑如上提到的对外有效、均衡的投资，还要实现对内外汇储备的“融化”，即在实现小规模“藏汇于民”的同时，更要充分利用银行业的全面开放来把持“银企”的国际经济交流，推进外汇储备的社会数量效应和结构效应，从根本上改变人民币汇率升值带来的负面影响。

第三节　货币国际化

在经济全球化、金融国际化的大变革、大开放时代，国际间的贸易结算、债权债务、救济互助等愈发依赖货币国际化。所谓货币国际化，是指货币在国际经济交易中充当价值尺度、流通手段、支付手段和贮藏手段的功能。通过货币国际化，使本国货币为各国拥有、使用和兑换，来进一步提高国际信用，从而实现货币输出国政治、经济、社会等战略目标。

日元国际化是经济高速增长、金融自由化、日元升值的产物，曾在20世纪80年代与“锋头正劲”的美元相抗衡，并在20世纪90年代末与“初生牛犊”的欧元相较量，①旨在形成20世纪末以来美元、欧元、日元三足鼎立的国际货币体系框架下日元的强势地位。虽然日本具有数十年经济高速增长的底蕴，然而日元汇率的频繁波动、政治外交上的局限性、外部经济环境的不确定性等，已经使日元与美元、欧元无法媲美，无法达到预期目标亦在情理之中。

人民币国际化的话题由来已久，从经常项目可兑换到放缓资本项目，从近些年来的经济高速增长到频繁进行对外直接投资、购买美国国债和资金借贷等，无不显示中国经济国际化程度的提升。基于铸币税、降低成本和规避风险等种种需求，人民币国际化结算、储备、互换、投资、赠予等方面已日显重要。尽管中国1993年以来的诸多举措，使得人民币迎来了国际化的难得机遇，不过资本账户开放度的低下，仍显得人民币国际化的速度与蓬勃发展的经济相比逊色一筹。

那么，影响货币国际化的因素包括哪些？日元国际化在20世纪80年代初到20世纪90年代中后期曾经辉煌至极，而之后为何一落千丈？人民

① 王合军．日元国际化前景分析［J］．国际经济合作.1999（11）：48-50.

币虽未完全国际化，但此问题已是政府、央行和专家学者等各方面日益关注的焦点，日元国际化的成败对人民币国际化又带来哪些启示与教训呢？如此种种问题，通过探究中日货币国际化对比来揭晓，并搭建人民币国际化未来战略的框架。

一、货币国际化演进的路径分析

市场交易是有成本代价的，并随着资源配置的延伸而发生变化。一国经济发展水平的提升，可以推进货币的国际化；而货币国际化程度的趋深，在带来银行业深入开放的同时，又会促进经济的进一步发展。日元的崛起和人民币成为可兑换货币的提出始于不同时期，二者的发展历程和国际比较产出不同的结果，表明两种货币国际化深度与广度的差异性，进而可以表明国际化货币对于世界经济的促进作用。

（一）日元国际化的基本路径①

1964 年至 20 世纪 70 年代末为第一阶段，主要源于日本 1964 年接受国际货币基金组织（IMF）第八条款②，但因美元的霸权地位而使日元国际化在布雷顿森林体系期间未尽全能。尽管 1976 年 4 月后正式进入了牙买加体系，日本高速增长的经济也可以支撑日元国际化，又因日本政府和央行的否定态度而使日元国际化未有太大起色。

20 世纪 80 年代初至 1997 年亚洲金融危机前为第二阶段，出于对《外汇与外贸管理法》的修改（即资本交易由“原则上禁止”到“原则上自由”的转型），加之 1984 年大藏省发布的《金融自由化、日元国际化的现状与展望》等，掀起了外资流出和流入自由化的高潮，即日元国际化无限

① 李维刚 . 日元国际化：进程、动因、问题［J］. 日本学刊 2001（2）:78-80.

② IMF 第八条款：第一，不得对经常性国际交易的付款和资金转移施加限制；第二，不得实施歧视性货币措施和复汇率政策；第三，成员国对其他国家所持有的本国货币，如对方提出申请并说明这部分货币结存系经常性交易中获得的，则应与购回。

风光的20世纪80年代。进入20世纪90年代后，随着泡沫经济的破灭，日元国际化亦尾随经济萧条而日渐衰落。

1997年亚洲金融危机后至今为第三阶段，源于亚洲金融危机的冲击和欧元启动的刺激，1997年重新修订《外汇与外贸管理法》（即将“管理”二字删除），并在1999年发表了《面向21世纪的日元国际化——世界经济金融形势变化的应对》，提出稳定日元价格、提升日元在亚洲的地位等措施，但因日元在国际贸易和融资中的使用程度和价值贮藏功能仍低于美元、欧元和英镑，这样使其仅拥有国际货币“第四把交椅”的座次。从21世纪10年代以来，日本经济复苏期的延长、政治外交上的困局和国际环境的变幻莫测，无法进一步提升日元国际化的优势地位。

（二）人民币国际化的基本路径

1994年，人民币实现了经常项目下的有条件兑换；1996年12月1日，开始接受IMF的第八条款，从而实现了经常项目下的人民币可兑换。资本项目实现了部分可兑换，尚未实现完全自由可兑换，只是有限度地允许境内外投资者跨境投资证券市场（即QFII和QDII）。2005年，菲律宾央行宣布人民币在本国成为自由货币，开启了人民币作为外国官方外汇储备的始端。①

自2010年6月22日以来，跨境贸易人民币结算业务逐步扩展，通过经常项目下的人民币国际化，进一步促进了贸易和投资的便利化。2011年中国人民银行发布的《境外直接投资人民币结算试点办法》，已为人民币“走出去”开辟了资本项目下的渠道。随着资本项目开放的逐步展开，人民币国际化已初具轮廓，人民币自由进出入已是不争的事实，进而深入地服务于中国的进出口贸易、跨境服务、国际投资和全球金融服务等。

“十二五”规划纲要中强调要“扩大人民币跨境使用，逐步实现人民

---

① 李建栋，安瑶．从日元国际化道路看人民币国际化［J］．广西财经学院学报，2011（4）:47.

币资本项目可兑换”，这为人民币国际化做好了铺垫，是对中国与世界经济金融格局的动态调控。通过“支持香港发展成为离岸人民币业务中心”“推动建立两岸货币清算机制”，可以将人民币经由港台（二者是亚洲“四小龙”的组成部分，香港是国际金融中心）流向境外，实现人民币渐进国际化的战略构想。这与中国对外开放的步调[①]一致，从而增强国际竞争的软实力。

（三）中日货币国际化路径的比较分析

基于中日货币国际化历程的分析可以看出，尽管日元国际化远早于人民币国际化，但日元国际化倒“U”的激进性历程与人民币国际化的渐进式历程形成了鲜明的对比：日元的国际化地位受外部影响较大，因而造成日元国际化的波浪式运行；人民币同样遭受到如同日本20世纪80年代中期美国逼迫快速升值的情形，但人民币并未像日元那样快速升值，尽管升值速度有利于推进货币的国际化。要辩证地看待日元国际化的顶峰时期和稳定时期，从中寻找货币国际化的经验之道，从而为中国资本项目的稳步开放、顺利推动人民币国际化的进程提供借鉴。

货币国际化，本质上就是货币制度的变迁与开放，引以交易费用的降低（如货币转换成本）来扩展具有优势的组织，为经济价值的国际化创造提供条件，实现外部利益内部化。当然，如果说货币国际化是金融工具与贸易、服务等项目的一种协同共进，那么微观绩效与宏观绩效的动态平衡则是这种情形的产物。20世纪80年代的日元国际化和2009年人民币国际化的战略规划，是不是一种不断扩大“自留地”的效应呢？

---

① 中国对外开放的步调主要是指逐步发展我国大型跨国公司和跨国金融机构，提高国际化经营水平。

二、货币国际化的原因探究

货币的基本职能决定了其资源整合的普遍性，并以促进实体经济为前提。日元国际化，是日本内外交织因素的共同之果，但又面临继续推进的诸多机会。人民币国际化的全面推行，尽管起步较晚且尚未成形，然而经济发展的宏微观环境要求资本项目开放和金融制度变迁实现和谐共举。

（一）货币国际化的一般原因

规避汇率风险和降低资源失配的问题，成为货币国际化的一般原因，由此实现经济学上所讲的成本最小化、利润最大化的目标。它主要表现为货币未完全国际化所存在的活动空间，并使其成为投机者获利的武器，各种风险（如汇率风险、国家风险、市场风险、操作风险、信用风险等）因此发生。将一国货币变成具有国际结算、支付、投资、融资、储备等职能的工具，随着金融、法律等制度环境的改善，必然推进货币国际化，反过来又促进经济的快速发展。

根据现代制度经济学“谁能使资源配置有所改善，谁就能得到相应的奖赏，即收入的增加”可以明晰，收入增长与资源配置的水平是呈正相关的，而资源的有效配置又与货币制度呈正相关，后者的变革又是基于国内外环境的变化（如资本充裕、跨国公司等），从而使得开放环境下的贸易、服务及其他业种需要与货币业态相匹配，进而达到科斯中性定理（交易费用为零）的效果。换言之，资本会在一切可能的范围内寻求最优配置，从而获得更高的效益。

货币国际化，从某种意义上来说就是资本本性的内在体现，这种本性使资本从一开始就具有国际性，因而不受国家或民族疆域的限制。但是，货币资本真正能实现国际更广范围内的流动、存在和发展，是与国别经济和世界市场的成熟度分不开的，而生产国际化、贸易国际化、投资国际化等则成为货币国际化的生存土壤。尤其是金融自由化的涌现，使各种金融管制的藩篱被拆除，各国金融逐渐融入全球金融之中，利率自由化、汇率市场化、货币国际化已成为这个时期的代名词。

（二）日元国际化的具体原因

保持日元对美元的固定汇率制和国内诸多限制日元国际流动的政策，构成了布雷顿森林体系下日本封闭利益的态势。这种情形下的日元运作，并未显现资本应有的一种配置资源之效能。日元国际化的缘由取自外部环境的变化和内部环境的需求：前者包括金融自由化对国内金融市场的冲击、西方国家对日元汇率的联合干预及国际经济交易成本的上升；后者则包括日元资本的过剩、经济和金融国际化的特别需求等。

尽管美元独霸天下的格局在牙买加体系之后有所改善，但欧债危机下欧元的诸多变数，加之 2011 年 3 月 11 日的日本大地震，又为日元国际化带来了前所未有的挑战。欧元面临的困境使其在未来一段时期对美元的竞争力可能减弱，这无疑会恢复和放大美元的强势地位。而日本经济的低谷徘徊、政治的频繁更迭、技术创新力度的减弱等，使日元目前取代欧元甚至美元的国际地位尚属微乎其微。

但这不妨碍找出诸多因素来说明日元可以进一步国际化：一是借欧债危机来输出日元，既能帮他国渡过难关，又能便利日本与欧洲国家的经贸往来，可谓双赢之举；二是创建和完善离岸日元市场，形成日元国际需求和国际供给的新的、更高的均衡点，满足国际贸易、服务、投资、储备等领域对日元的诸多需求；三是开放和整合本国金融市场，旨在构建外国资本与日元的相互流通格局，使经常项目和资本项目下货币的互换和交割成为日元国际地位提升和日本经济增长的保障。

（三）人民币国际化的具体原因

尽管人民币经常项目完全可兑换始于 1996 年、资本项目的开放尚在推进中，对比 20 世纪 80 年代的日元国际化，称人民币国际化处于“成长期”当属恰如其分。但资本项目开放广度和深度的逐级递进，旨在突破这样一些目标：一是增强区域和全球要素的对内集聚力和对外拓展力，确保经济增长的速度和质量；二是弱化国际货币体系中美元的地位，降低由于美元单方操作带来的不利效果；三是在宏观政策的支持下，推动微观经济主体改善公司治理结构和创造中长期的社会财富；四是加快中国资本市场的建设和整合，实现资本有序流动与货币政策调控的动态平衡。

随着中国加入 WTO 后跨国公司和金融市场活性的不断增强，一种更加高效的实体经济和适度的虚拟经济，当下已成为中国矢志不渝的追求。中国银行业的全面对外开放，又为这种局面铺垫了资本基础，同时为人民币完全国际化营造了良好的市场环境。尤其是中国近些年来持续出现“双顺差”（经常账户和资本账户），引致外汇储备节节攀升，引致中国政府和金融监管部门深入的思考：如果人民币国际化，就可以通过本币实现这种“双顺差”格局，那么是否也可以通过有效地改善诸如汇率风险、利率调控、资源配置成本等方面来进一步提高绩效呢?

三、货币国际化的效果论证

制度是一种“公共品”，而国际化的货币亦展现“公共品”的特性，因为它会成为超越“选择空间”边界的“度量衡”。①货币国际化能够形成深度和广度的利益格局，并以此构建规模报酬递增的经济机制。日元国际化与日本经济发展的跌宕起伏，为货币国际化研究提供鲜明的例证；人民币国际化的推进，虽然呈现类似日元国际化过程中的现象和相关的问题，但克服干扰和发展自身将成为人民币顺利、完全国际化的基本前提。

---

① “度量衡”是指计量日常生活中物体长短、容积、轻重的统称，这里意指根据货币所处的地界、发挥的职能等来判别其是否属于国际货币。

（一）日元国际化的效果分析

从日元1976年成为国际储备货币、1985年正式推行日元国际化以来，日元迅速成为超越英镑的第三大国际货币，并演变为当时世界上最大的资本输出国，一度推进银行业对外开放的力度和水平。当然，日本自1955年以来长达18年的高速经济增长奠定了坚实的基础，使得日本过剩的资本逐渐流向海外，这也是日元国际化的一种前奏。不过，肇始于美国等西方国家的外在压力所引发的日元升值，仍可堪称为日元国际化的一种启动因素，并在20世纪80年代末将日元国际化推向了高潮。令人遗憾的是，虚拟经济过度膨胀尾随而来，完全超出了货币服务于实体经济基本职能的范畴，使“脱实入虚、以钱炒钱”的格调被浓墨重笔。

然而，日元国际化所面临的一系列问题仍是值得重点关注。首先，日元汇率的起伏不定，给各国持有日元资产带来一定的风险，导致日元在区域和全球成为硬通货的职能被削弱，这也是国际经济学理论观点的一种证实。其次，日本给一些国家特别是亚洲国家带来的苦难历史，仍未引起日本国民普遍的反省，甚至在局部有战争犯罪事实暧昧的趋势，这势必阻滞日本的政治外交，从而难以发挥日元在相关区域的“领袖”角色。还有，日元国际传导机制会发生扭曲，例如日本与东亚的贸易使用日元，而后者在与他国进行贸易结算时却使用美元或欧元，由此导致日元进行国际流通差强人意，其国际货币的身份戛然而止或受到相当的限制在所难免。

（二）人民币国际化的效果分析

由于近些年来中国经济的快速提升和加入WTO的驱动，人民币在国际贸易中的职能体现得更加充分，并伴随着1996年经常项目的开放和政府对于资本账户管制的松动，一度推进人民币国际化的速度，从而促进了区域和全球的救助合作、汇率稳定、政策协调和监管沟通等。在2040年前后，人民币将与美元、欧元形成三币制衡的格局。[①]通过货币与经济的顺周期操作原理可以理出，未来中国经济将是世界经济的主导，因为经济的基本面是人民币国际化推进的晴雨表，反之亦然。

但是，人民币国际化的负面效果亦不容忽视。“影子金融和地下银行”的非阳光化、非透明化和非规范化，“脱实向虚、以钱炒钱”的货币非正常流通，“杠杆、再杠杆”所引发的货币潜在风险，人民币国际化导致的货币供求波动和通货膨胀的输入等，无一不在警示人们：人民币国际化要注意加强“从制度缺欠到制度建设”，要减少悖论成分、增加市场特色。

2012 年 1 月 6—7 日召开的全国金融工作会议明确指出：“稳步推进人民币汇率形成机制和利率市场化改革，人民币国际地位明显提升。我国与 14 个国家和地区签署了总额为 1.3 万多亿元人民币的双边本币互换协议，跨境贸易人民币结算金额达到 2.6 万亿元。”由此说明，经常项目下的人民币国际化收效喜人，并以此来带动中国经济、政治、社会、技术等进一步提升。然而，“扩大金融对外开放，提高资源配置能力和金融安全保障水平。稳妥有序推进人民币资本项目可兑换，提高外汇储备经营管理水平”[②]这一风向标又在表明，人民币国际化是在防控风险、健全市场、提升服务等目标下来实现的，并从未设置推进时间表可以看出稳中求进的信心。

（三）中日货币国际化效果的比较分析

日元的国际化，由于受到了“护送舰队”式金融行政的影响，使得日元国际化的速度远不及美元和 21 世纪已经兴起的欧元。神奈川大学教授吉川元忠在《金融战败》中对因“武士债券”（即在日本发行的外国债券）市场从 20 世纪 70 年代起的限制放宽速度，从而减缓了 20 世纪 80 年代日

① 陈雨露．资本市场论坛［R］．北京：中国人民大学逸夫会议中心，2012 年 1 月 7 日．

② 资料来源：http://med.tongji.edu.cn/ggw/viewArticle.aspx?id=1282

元国际化步伐表示了不满。[①] 尽管日元国际化未及预期的发展设想，但其毕竟从 20 世纪 80 年代开始经历了长达十几年的辉煌。人民币的国际化，目前虽已处于资本项目全面推进的时期（如 2011 年 11 月 22 日人民币与港币互换协议的续签[②]），但其国际交易、储备、流出入频度等还不及日元，更不用说美元和欧元。

尽管日元与人民币的国际化不能等同视之，然而，日本近些年来经济复苏步伐的缓慢和国际经济环境的不确定性，已使日元近期无法回归到 20 世纪 80 年代的情形，加上日元作为国际关键货币很难规避国际货币体系下的汇率失衡问题。对于中国来讲，尽管遭受到类似日本的货币升值问题（日元在 1985 年 9 月 22 日"广场协议"后大幅度升值），使其成为引航人民币国际化的一方面因素，但中国官方多次强调"稳步推进"人民币国际化，与银行业对外开放相辅相成。不管怎么说，人民币国际化是未来必然要选择的道路。

对于货币国际化的福利效应，西方学者从不同的角度进行了探讨。Aliber（1964）和 Bergsten（1975）均认为，国际货币发行国可通过发行本国货币为国际赤字融资；Tavalas（1998）则认为，一种货币国际运用的扩张，使得贷款、投资和商品、服务的购买都将通过该货币发行国的金融机构进行，金融部门的收益会增加。而且，以上学者均认为发行国际货币的国家能够获得国际铸币税收入，但铸币税收入的大小要受到多种因素的影响。不过，Cohen（1971）则认为这种国际铸币税的规模根本上依赖于该货币的国际垄断地位，等等。[③] 日元 20 世纪 80 年代经济高速增长与日元国际化形成反馈体系，而 20 世纪 90 年代后的形势则是这种情况的反面典型；增长中的中国经济同人民币国际化显然是一种正相关关系，并且同投资市场、消费市场、金融市场亦一脉相承。因此，人民币会不会国际化、

---

① 李维刚 . 日元国际化：进程、动因、问题［J］. 日本学刊，2001（2）:79-80.

② http://www.pbc.gov.cn/publish/goutongjiaoliu/524/2011/20111122095830280379676/20111122095830280379676_.html

③ 何国华 . 西方货币国际化理论综述［J］. 经济评论，2007（4）：156-160.

若国际化又能走多远，这些要取决于诸如上述相关配套工程的跟进质量。

四、人民币国际化前景的辩证思考

综前所述，人民币国际化正在有条不紊地推进，尽管同20世纪80年代日元即已实现国际化相比要落后相当长的时期，但从各角度进行战略审视，人民币国际化会根据日元国际化的成败进行战略部署。在此提出的相关策略，也是基于如上的思维比较得出的。

（一）提升人民币可兑换为主旨

目前的人民币可兑换，主要是资本项目下的可兑换程度。这种“稳中求升”式的推进，应以逐步加大自由兑换的允许额度为前提。截至目前，按照IMF划分的7大类共40项资本项目交易中，中国实施管制的主要是跨境金融衍生工具交易等，其他项目已实现一定程度的可兑换，人民币资本项目可兑换程度明显提高。①

当然，“民间藏汇”政策已于2007年2月在国内开始实施，但仍要正本清源，改变市场结构。中国内地与香港地区的货币联盟，势必借助后者的国际金融中心地位而将人民币进一步推向海外。另外，利用中国巨额外汇储备进行国际投资时，应在东道国建立“流出外汇、流入人民币”的基本运作体系，这样既可缓解外汇资产过度积累可能带来的风险，又可支持非居民持有、使用、兑换人民币，这是人民币国际化的战略视野。

（二）稳定人民币汇率是主线

汇率作为两种货币的比价，能够直接反映出彼此的内在价值。伴随人民币国际化，汇率必然市场化，汇率波动当然也符合市场规律。通过建立人民币回流机制，化解自1994年、2005年和2010年3次汇改以来的人民

① 赵锡军．资本市场论坛［R］．北京：中国人民大学逸夫会议中心，2012年1月7日．

币不断升值，即通过贸易逆差输出货币，再通过资本账户顺差实现货币回流。这样，人民币的“走出去”与“请进来”形成交相呼应，既保持了人民币汇率的基本稳定，又加快了人民币国际化的步伐。因此，人民币汇率稳定是人民币国际化的轴线，后者围绕前者稳定推进成为必然。

（三）开放资本市场和建立国际金融中心是根基

从19世纪的伦敦到20世纪20年代的纽约，再到20世纪80年代的东京，均向世人展示其金融产品规模的扩大和货币国际化的提升，以及国际金融中心的重要地位。加快建立和完善中国资本市场，旨在让“存款理财化、贷款证券化”型的金融产品有流通之所；让各种货币进出中国进行兑换、投资、结算等有操作之窗；让资金的供求更符合市场经济的运作之规。上海作为中国国际金融中心的前沿阵地，应该成为中国的“伦敦”“纽约”或“东京”，使人民币国际化与国际金融中心能够携手并进，这样更能体现刘易斯关于“制度自由化可以将更多的知识和资本运用到生产中”的内涵。

（四）加大技术援助、双边及多边救助是依托

无论是对外贷款式的援助，还是无偿式的援助，都应以人民币输出为首要条件。通过填补人民币在国际范围内的空白区域，使各国放心地拥有和使用中国货币，以提高人民币国际信用为基轴，积极推进人民币的国际化进程。尽管以此来实现货币国际化要付出巨大的代价，但与直接标价法下的美元贬值风险相比仍具有战略利益。20世纪80年代末的日元国际化，过分考虑贸易、服务的经常性收入而引起日元国际地位的受挫；21世纪20年代开始深入推进的人民币国际化，要克服“日元升值”下日元国际化的不良局面，以全方位付出带来高效的回报，实现人民币与美元、欧元并驾齐驱的世界货币，进一步维持和壮大上海作为中国国际金融中心的重要地位，充分发挥人民币的国际资源配置的功效。

第四节　基本经验和教训

尽管中日具有不同的银行制度背景，且经济发展阶段与水平亦不相同，但由于日本银行业开放比中国要早得多，因而中国对于日本银行制度趋利避害的研究和学习显然是非常必要的。因此，总结出日本银行业激进式对外开放中的主要经验教训，结合中国银行业渐进式的开放路径进行相关比较，归纳出中国银行业对外开放自身所存在的不足，无疑具有重要的启发意义。

一、对外开放的目标定位

银行业对外开放的终极目标是，通过实施对外开放来加强国别银行业间的有效竞争，推动金融资本更加高效合理的配置，提升银行业的整体运作效率，进而促进本国宏观经济的增长。中日银行业均是以防范风险、处理坏账作为对外开放的优选目标，而实践证明这种操作势必“娇宠”银行自身的经营与发展，并对其稳定和秩序产生相应的冲击。

银行业开放政策的目标应是风险可控而非消灭风险，真正做到风险识别、风险衡量与风险处理的一体化。银行发展与经济增长的互补性，说明了银行业对外开放的目标定位于二者的良性循环。日本对于20世纪90年代的经济萧条，以处理坏账为使命，在当时一段时期形成一种“放大效应”，并造成这种现象的恶性循环。而中国四大国有商业银行的不良资产剥离，亦显现了消灭其历史风险积淀并参与开放进程中的有效竞争，但一定程度上使其产生依赖和惰性的思维。

二、银行业对外开放的顺序和速度

银行业对外开放的顺序和速度，必须在深入剖析本国银行业自身的优势和劣势以及外部环境的机会和威胁的基础上，根据所存在问题的因果关系来合理确定。只有这样，才能尽可能地避免因本末倒置而影响开放的进度和效果，从而避免银行发展与宏观经济增长受到开放不当带来的冲击。

（一）20 世纪 80 年代末前中日银行业的开放顺序

日本自 1949 年 2 月“道奇计划”的实施而开始金融开放进程，使得日本金融制度伴有美国金融制度的色彩，带来日本的经营与监管体制由混业向分业的转型、“护送舰队”式的行政管制等，由此实现日本经济长达 18 年之久的高速增长。从 20 世纪 70 年代中期开始，受金融自由化浪潮的影响，日本由于主银行制、“官商银”式铁三角等牵制，改革进程一度没有整体性、连贯性和持续性，导致对外开放与对内改革不能同步，并放缓了日本及时主动适应金融自由化环境的步伐。直至 20 世纪 80 年代中期的“广场协议”签署，把日本推向以适应外部势力、放松日元汇率稳定下的开放圈，引起日元汇率节节攀升，并使资本由生产领域转入流通领域，通货膨胀缩减指数由此逐渐拉大，泡沫经济更是逐步放大，直到 20 世纪 80 年代末达到峰顶，进入之后的后泡沫经济时代的经济萧条时期。

中国 20 世纪 80 年代末的对外开放，吹响了外资银行“引进来”的号角，并通过随之而来的国有银行商业化改革、股份制商业银行的陆续恢复与建立，催生中资银行“走出去”的思想。与日本银行业开放进程形成对照的是，日本受到美国等西方国家的压力被迫进行开放，显示的是依从外部势力的介入而盘活和抑制经济的激进式开放；而中国银行业是在宏观开放环境下主动寻变，通过外资银行引入和中资银行的走出来带动自身的改革和竞争，从中不难看出是一种开放前期的渐进式进程。

日本银行业 20 世纪 90 年代初以前的对外开放，导致两种无可争议的情形：一是日本金融自由化时期对外开放顺序的错位，即银行的经营模式未转换（分业到混业）、银行存在的大量过剩资本和公司治理未加强之前，过快放开资本市场的融资限制，导致“金融脱媒”现象的发生，迫使银行将资金投向房地产、中小企业和个人等非生产领域，加之银行自身治理结构不能适应这种变化，由此带来泡沫经济并形成20世纪90年代的银行危机和经济萧条；二是由于“护送舰队”的金融保护和分业经营与监管的作用，导致利率自由化、混业经营等改革不彻底，仍然保留行业垄断的情形，自然带来泡沫经济的局面。而此时期的中国银行业采用与日本银行业不一样的开放策略，首先进行国有专业的商业化转型及体制外的股份制商业银行辅助，打造治理结构相对完善的银行业以待进入开放领域。然后通过引进外资银行强化中资银行的经营管理，因而构成一种循序渐进的对外开放进程。

（二）20世纪90年代后中日银行业的开放顺序

由于泡沫经济的破灭，日本进入20世纪90年代长达10年的经济萧条期。此时的日本银行业为防控不良资产而“惜贷”，造成中小企业融资难、股票债券价格缩水，并进一步使银行相关的未实现收益大量降低，形成环环相扣的“信贷萎缩—不良资产—信贷萎缩”的恶性循环。而诞生于此时期的日本式“金融大爆炸”，以处理不良资产为重任，却与跳出这个恶性循环圈背道而驰，加剧了政府融资排挤私人银行的竞争局面，造成宏观经济陷入持续的、严重的衰退泥潭之中。

中国的国有银行在20世纪90年代开始市场化、商业化运作，并通过政府注资、不良资产剥离等措施，巩固了自身的强者风范（资本、公司治理等），为进一步参与对外开放进程做好了铺垫。

中日银行业此时期的对外开放，显示出既相似而又不同的进程。通过国家财政化的制度安排来降低银行的应有负担，均显示在20世纪90年代中日银行业的改革之中，是“先内后外”开放型体制的具体体现。不过，日本银行业的经营不善带来的是金融集团的组建，通过规模经济和范围经济打造开放环境条件下的核心竞争力，提高自身在国际金融业竞争的霸主地位；中国银行业的“解忧”，实现了进一步加快对外开放步伐的前奏，但仍属于分业经营与分业监管下的开放操作，一旦遭遇“金融脱媒”势必元气大减，增加开放中的风险因素。因此，开放顺序的基本一致，并不意味着银行业国际竞争力强弱相同，更不意味着银行业风险和效益大小相同。

（三）21 世纪中日银行业的对外开放顺序

以“金融大爆炸”为突破口，以金融集团的相继组建为契机，日本银行业与非银行业实施整合操作，使日本经济进入 21 世纪的复苏期。这主要通过金融集团对外输出金融产品和资本，以全能的身份参与全球化金融竞争。在此期间，金融超级集团与金融监管的同步而行，演绎了日本综合经营与监管的国际输出，对国际金融经营与监管格局产生深远的意义。

中国银行业借加入 WTO 的契机开始逐步如约开放市场，用 5 年过渡期履行入世承诺。首先是四大国有商业银行股份制改造完成并相继上市融资，向海外拓展业务触角，通过国际市场占有率的提升来强化国际金融竞争力；其次是相继通过参股、合资、独资和法人银行的形式引进外资银行，并在 2006 年 12 月 11 日之后全面开放中国的银行业市场。中国国有股份制商业银行是经过“净身”和“增重”后以昂扬的姿态屹立在国际金融市场上的，体现为公司治理和内部控制得到较为健全的前提下开始面向海外金融领域，是“强中有强”的具体体现。

本章小结

中日银行业对外开放的诸多异同之处，进行相互比较显得尤其重要。本章从监管、汇率和货币国际化等层次，对中日银行业对外开放进行对比，并对经验教训进行彼此总结。通过监管在对外开放前后的重要影响，体现加强监管对于双方的内在价值；汇率一直是中日比较敏感和热切的话题，通过对其进行分析比较，可以挖掘二者的优劣与得失，从而有利于人民币汇率对于经济的促进作用；日元国际化的先导作用，对于正处于国际化推进中的人民币是一种借鉴，通过这种比较效应，稳妥实施人民币国际化已成为当下各方关注的焦点。

第六章　中国银行业对外开放的未来取向

自 20 世纪 80 年代以来，金融体系的市场化和自由化席卷全球，不断挑战着不同国别的金融制度差异，促进金融资源配置的效率。成熟市场经济的国家借此潮流的引擎，“推销”和“输出”所谓自身的市场化金融体系，核心理念则是“竞争越充分、经济效率越高”。而对于成熟度较低的国家，若因金融竞争教条的“捕获”，整体“引进”或“移植”该类金融体系，不仅不能实现金融体系市场化的“接轨”，还会由于金融制度的内生性和积淀性带来差强人意的甚至可以说是灾难性的后果。或许，“有限竞争”可以取代前者的理念而普适于后者，试图构建一种双向金融资源优化配置下的竞争环境。①

第一节　制度金融学视角的评价

银行业对外开放是一种与经济制度相互影响、互为因果的制度变革，它所形成的金融制度领域的强制性创新，已打造金融抑制和金融自由化两大阵营。由此提出开放对于银行业影响的广度和深度，并逐步形成世界金融领域的制度竞争格局，导引各国金融体推进制度全球化、一体化和自由化的新范式。

尽管罗纳德·科斯、道格拉斯·C. 诺斯和 T.W. 舒尔茨等人均曾成功于制度与经济的研究，但制度金融学还是近些年的新发展。美国经济学家默顿和博迪（Merton & Bodie）于 2005 年提出“金融功能外生性和金融制度内生性”的命题，使“制度金融学”（Institutional Finance）得到一些

① 张杰 . 制度金融理论的新发展：文献述评［J］. 经济研究 ,2011（3）:145-148.

诠释。[①]按照他们的阐释，制度金融学是指金融的各种载体为实现约束与开放的辩证统一，以形成该领域的各种共同规则、法令、行动准则等制度为前提，以期达成金融预定目标的一门学科。该命题强调金融制度体系的整合效应，是以金融活动的功能为基点，是一个长期开放与变迁过程的结晶。

一般而言，一国金融制度体系要承受世界金融市场上的主体（各国金融机构）、客体（金融工具）、价格（汇率）和中介等带来的挑战，而后者的逆向选择和道德风险又会致使这种情形升级。因为由此造成的沟通渠道破坏必然招致金融危机甚至经济萧条，进而形成金融体系的滞后效应和金融资本的功能丧失。因此，开放经济条件下资本配置效率的提高，需要参与元素双向或多向努力改善竞争性程度和水平，任何试图单方面增进资源配置效率的投入都注定无功而返，还会进一步加大金融与经济的脆弱性及其传染效应。

既然合作博弈与有限竞争重要性得以体现，因而更应通过开放的视野，审视和触碰金融市场的大门，借以“信息不完全”的微弱光亮，来找寻制度细节的利弊，作为肇建制度金融学新的微观基础。当然，法律和政府制度的健全程度、可信承诺机制的完善程度、分工合作体系的形成与推进等内外部因素，都会促使金融的制度化和信用化。不过，交易成本的存在，加之人们的有限理性，又在促使制度金融在开放体系中不断突破“门槛效应”。[②]

中国的间接金融体系决定了银行业是金融业的核心。银行业的制度变迁与对外开放的相互促进，将自身贯通于激烈竞争的国际金融背景之下。所有权的“门槛效应”、混沌不清的制度潜能和“资本之谜”的国际趋向等，敦促中国银行业进行结构体系的国际化肇建。对于目前的开放经济，完善和实施这样的目标体系尽管险象环生，但日本金融业“峰回路转”的

---

① 张杰．制度金融理论的新发展：文献述评［J］．经济研究 ,2011（3）:145.

② 张杰．制度金融理论的新发展：文献述评［J］．经济研究 ,2011（3）:148-155.

代价，已经给予并非“另类”的中国银行业以深刻的启迪。透过交易成本与制度收益的视角，中国银行业应创造而又不失传统的长期坚守，从而满怀正本清源的愿望构建极具竞争性的前瞻策略。[①]

Stiglitz（1993）、Glass and Saggi（1998，2002）、Kim and Lee（2004）等著名国际学者和易宪容（2007）、姚洋（2009）等国内著名学者，基于市场定位、财务状况、盈亏能力等方面的国际分析，形成了银行业对外开放所谓的“摘樱桃效应”。然而，基于理论体系和制度金融学的协同洞悉，力图规避这种负外部效应，尽管并非主流金融学的观点，但多维度的政策解剖也将对中国银行业产生“鲶鱼效应”。

第二节　日本银行业对外开放对中国的启示

日本银行业对外开放的一波三折，引致经济呈波浪式变动。那么，日本20世纪40年代末实施成功的金融体制改革开放、20世纪80年代源自金融自由化的对外开放、20世纪90年代中后期因银行业“告急”而带来的又一次金融变革及21世纪初期的新一轮金融深化，给处于全面对外开放下的中国银行业以哪些启示呢？

一、正确看待开放资本的经济效应

目前，中国银行业对外开放如火如荼地前行。对于中国的银行业来说，不仅要面对诸多金融衍生商品“走进来”，而且还要面对国际金融市场上的衍生金融产品，竞争环境不言自明。不过，由于对外开放所引致的资本流出入，自然会对东道国产生一定的影响，即使资本账户未完全开放的中国也是如此。中国银行业当前的体制机制与对经济的效应同20世纪

① 张杰. 制度金融理论的新发展：文献述评［J］. 经济研究，2011（3）：149-150.

80年代的日本如出一辙，即资本放大效应凸显、资产价格过于膨胀和买空卖空现象空前繁荣等。因此，应在实施适度从紧的货币政策的同时进行紧缩的财政政策，以便适时对冲流动性而降低GDP缩减指数，从而化解金融风险对经济产生的膨胀效应。

二、人民币汇率升值的辩证思考

由于近些年来中国国际收支的“双顺差”，人民币汇率升值（尤其是升值预期）已经呈现不止之势。因此，既要看到人民币升值对于缓解中国外债偿还压力的一面，又要看到阻碍出口限制经常项目增加的另一面；既要处理好银行业开放对人民币汇率的负面效应，又不要忽视人为因素对人民币汇率的干扰。1985年9月22日签订的“广场协议”，已使日元汇率节节攀升的同时引发日本当局宽松的货币政策，从而导致通货过剩并偏离实体经济运行的轨道，造成日本经济自20世纪90年代初以来的长期低迷。故中国应谨慎面对各种因素的干扰，加快经济发展方式转变，发挥银行业对外开放对于民族产业和新兴产业的功能支持。

三、宏观调控与金融自由化要泾渭分明

自2003年4月28日中国金融业实施分业经营与监管以来，“一行三会”发挥了各自领域的职能监督作用，实现了自律与他律的有机统一。但是，金融自由化和中国银行业完全对外开放的实时交汇，已对分业体制下的中国银行业形成挑战。不同行业的业务交叉、金融集团（如光大控股集团和平安控股集团）的运营以及监管机构的“联系会议制度”，已将中国银行业融入金融自由化的浪潮之中。然而，非法律层面的中国式综合监管，尚不能彻底应对外资金融机构的混业经营产品。日本21世纪初开始的综合监管正在警示中国，要谨防市场风险、操作风险、合规风险和法律风险

等，宏观联合调控要实质而非形式，让责、权、利在金融自由化中得以最佳体现。

四、前瞻性地化解不良资产应成为时代主流

历史上不良贷款的形成有主客观因素的影响，处置也更多采用剥离、盘活、清收与核销等措施，易于形成惰性思维和创新缓慢。日本20世纪90年代初开始形成的不良资产，不仅当局未能果断处置，更重要的是在相互持股制度的作用下引致银行、企业相继破产，导致不良资产的后续严重危及效应。尽管日本1996年11月和2002年10月的两次金融变革先后改变了不良资产的负面影响，但将日本经济停滞的局面拖到了21世纪。因此，中国应大力发展和完善资本市场，消化银行业对外开放进程中可能形成的不良资产，通过不良资产证券化的二级市场流通转让形式，来实现银行业包袱的自我解负，而不只是依靠国家注资和核销等方式来解决问题。一方面可以充分发挥市场这只“看不见的手”的资源配置功能，另一方面可以体现政府的另一只“看得见的手”的间接调控而非直接参与的主要职能。

参考文献

一、专著

[1] 刘明康. 中国银行业改革开放30年（1978—2008）[M]. 北京：中国金融出版社，2009.

[2] 刘诗平. 三十而立——中国银行业改革开放征程回放（1978—2008）[M]. 北京：经济科学出版社，2009.

[3] 尚金峰. 开放条件下的金融监管 [M]. 北京：中国商业出版社，2006.

[4] 姜学军，刘丽巍，范南. 金融对外开放与监管问题研究 [M]. 北京：中国时代经济出版社，2005.

[5] 张红. 金融自由化与中国银行业的竞争和发展 [M]. 上海：上海财经大学出版社，2009.

[6] 魏本华，李德，景学成. 中国金融新框架 [M]. 北京：机械工业出版社，2010.

[7] 李变花. 扩大开放下中国金融安全与监管研究 [M]. 北京：中国经济出版社，2009.

[8] 沈悦，王小霞. 中国金融自由化进程中的安全预警研究 [M]. 北京：科学出版社，2010.

[9] 鹿野嘉昭. 日本的金融制度 [M]. 北京：中国金融出版社，2003.

[10] 桥本寿郎，长谷川信，宫岛英昭. 现代日本经济 [M]. 上海：上海财经大学出版社，2001.

[11] 戴晓芙. 日本的银行兼并与经营 [M]. 上海：复旦大学出版社，2008.

[12] 魏全平. 日本经济与中日经济关系研究 [M]. 上海：复旦大学出版社，2010.

[13] 张季风. 挣脱萧条：1990—2006年的日本经济 [M]. 北京：社会科学文献出版社，2006.

[14] 张季风. 日本经济概论 [M]. 北京：中国社会科学出版社，2009.

[15] 刘昌黎. 现代日本经济概论 [M]. 辽宁：东北财经大学出版社，2008.

[16] 加藤弘之，丁红卫. 日本经济新论——日中比较的观点 [M]. 北京：中国市场出版社，2008.

[17] 黄泽民. 日本金融制度论 [M]. 上海：华东师范大学出版社，2001.

[18] 吴遵杰. 日本金融体系大变革 [M]. 北京：社会科学文献出版社，2006.

[19] 李志辉. 中国银行业的发展与变迁 [M]. 上海：格致出版社，上海人民出版社，2008.
[20] 李扬. 中国金融改革 30 年 [M]. 北京：社会科学文献出版社，2008.
[21] 黄宪，赵征. 开放条件下中国银行业的控制力与国家金融安全 [M]. 北京：中国金融出版社，2009.
[22] 吴晓灵. 中国金融体制改革 30 年回顾与展望 [M]. 北京：人民出版社，2008.
[23] 吴景平，李克渊. 改革开放进程中的中国金融变迁 [M]. 上海：复旦大学出版社，2009.
[24] 凌涛. 金融控股公司经营模式比较研究 [M]. 上海：上海人民出版社，2007.
[25] 杨有振，侯西鸿. 金融开放：创新与监管 [M]. 北京：中国金融出版社，2002.
[26] 姜建清. 国际商业银行监管环境与体制 [M]. 北京：中国金融出版社，2006.
[27] 单忠东，中井德太郎. 中日经济高级论坛 [M]. 北京：经济科学出版社，2004.
[28] 谢平. 金融控股公司的发展与监管 [M]. 北京：中信出版社，2004.
[29] 桂荷发. 金融集团的发展与监管 [M]. 北京：经济管理出版社，2004.
[30] 黄毅. 银行监管与金融创新 [M]. 北京：法律出版社，2009.
[31] 白钦先. 各国衍生金融市场监管比较研究 [M]. 北京：中国金融出版社，2003.
[32] 中国人民银行主管，中国金融学会主办，中国金融年鉴（总第 21 卷），中国金融年鉴编辑部，2006.
[33] 成思危. 路线及关键：论中国商业银行的改革 [M]. 北京：经济科学出版社，2006.
[34] 胡海鸥. 中国金融体制的改革与发展 [M]. 上海：复旦大学出版社，2004.
[35] 胡炳志. 中国金融制度重构研究 [M]. 北京：人民出版社，2003.
[36] 李利明，曾人雄.1979—2006 中国金融大变革 [M]. 上海：上海人民出版社，2007.
[37] 易纲. 中国金融改革思考录 [M]. 北京：商务印书馆，2009.
[38] 夏斌. 创新金融体制——30 年金融市场发展回顾 [M]. 北京：中国发展出版社，2008.
[39] 李扬. 中国金融发展报告 [M]. 北京：社会科学文献出版社，2009.
[40] 盛洪. 现代制度经济学 [M]. 北京：北京大学出版社，2003.
[41] 卢现祥. 西方新制度经济学 [M]. 北京：中国发展出版社，2003.
[42] 史锦华. 金融开放对金融监管有效性影响研究 [M]. 北京：中国财政经济出版社，2007.
[43] 张舒英. 新时代的日本经济 [M]. 北京：昆仑出版社，2006.
[44] 丁溪. 日本经济 [M]. 北京：中国商务出版社，2010.
[45] 朱明. 日本经济的兴衰 [M]. 北京：中国科学技术大学出版社，2004.

［46］蔡林海，翟锋．前车之鉴：日本的经济泡沫与“失去的十年”［M］．北京：经济科学出版社，2007.
［47］陶长辉．中国银行业的对外开放［M］．江苏：江苏人民出版社，2001.
［48］于永臻．与跨国银行竞争——中国银行业的效率与金融安全［M］．北京：中共中央党校出版社，2006.
［49］王锦慧．开放条件下的金融效率与经济增长［M］．北京：经济科学出版社，2011.
［50］人力资源社会保障部人事考试中心．金融专业知识与实务［M］．北京：中国人事出版社 & 中国劳动社会保障出版社，2011.

二、期刊

［51］王兆星．中国银行业对外开放的演进［J］．中国金融，2010（19）：48–51.
［52］李若谷．政策性金融在企业国际化中的先导作用［J］．中国金融，2010（19）：52–54.
［53］李博．简论日本主银行制的变化［J］．日本学刊，2010（3）：77–90.
［54］何正全，孙杭生．日本构建“世界工厂”进程中的政策金融［J］．南方金融，2010（7）：55–56.
［55］董青马，卢满生．金融开放度与发展程度差异对银行危机生成机制影响的实证分析［J］．国际金融研究，2010（6）：79–85.
［56］牟怡楠．人民币跨境流通对银行业金融安全的影响［J］．国际经贸探索，2010（4）：54–58.
［57］毛泽盛，吴洁，刘敏楼．外资银行对中国信贷供给影响的实证研究［J］．金融研究，2010（1）：106–115.
［58］吴晓求．大国经济的可持续性与大国金融模式——美、日经验与中国模式之选择［J］．中国人民大学学报，2010（3）：83–88.
［59］巴曙松，王璟怡，杜婧．从微观审慎到宏观审慎——危机下的银行监管启示［J］．国际金融研究，2010（5）：83–89.
［60］张淑艳．中国金融风险管理制度的问题及对策［J］．金融与经济，2010（4）：21–22.
［61］杜艺中．日本泡沫经济的再回顾与启示［J］．金融与经济，2010（4）：66–70.
［62］汪洋．金融集团全面风险管理体系架构研究［J］．上海金融，2010（10）：66–70.
［63］李博．简论日本主银行制的变化［J］．日本学刊，2010（3）：77–90.
［64］欧阳祖友．人民币国际化的利弊分析与推进策略［J］．上海金融，2010（9）：73–75.
［65］彭锋．内外均衡、贸易顺差和人民币汇率——兼论人民币汇率升值能否解决中美贸易失衡［J］．中国金融，2010（13）：80.

[66] 李健全. 系统性风险新认识与我国宏观审慎监管探索 [J]. 金融与经济，2010（7）：52–55.
[67] 段军山. 金融监管体制变迁与国际比较 [J]. 金融与经济，2010（4）：49–52.
[68] 邬群华. 浅析我国加快利率市场化的动因 [J]. 金融与经济，2002（2）：24–26.
[69] 万志宏，曾刚. 量化宽松货币政策的实践——以日本为例 [J]. 国际金融研究，2011（4）：10–17.
[70] 黄燕君. 日本利率自由化的原因、影响及其对我国的启示 [J]. 现代日本经济，2000（6）：16–19.
[71] 孟建华. 日本利率市场化的背景、方式及特点 [J]. 上海金融，2004（1）：41–44.
[72] 刘红. 日本金融监管体制的变革 [J]. 日本学刊，2004（3）：84–97.
[73] 佟铁成. 日本金融监管体制创新及其借鉴 [J]. 现代日本经济，2004（2）：11–14.
[74] 江瑞平. 东日本大地震对日本经济的深广映像 [J]. 日本学刊，2011（4）：3–16.
[75] 张兴，张炜. 中美人民币汇率博弈——基于新兴古典经济学的再解读 [J]. 对外经贸实务，2010（7）：31–33.
[76] 李维刚. 日元国际化：进程、动因、问题 [J]. 日本学刊，2001（2）：78–91.
[77] 王合军. 日元国际化前景分析 [J]. 国际经济合作，1999（11）：48–50.
[78] 李建栋，安瑶. 从日元国际化道路看人民币国际化 [J]. 广西财经学院学报，2011（4）：46–50.
[79] 田愉. 战后日元汇率走势回眸 [J]. 国际金融研究，1998（7）：17–19.

三、著作集

[80] 廖尧麟. 银行结构转型的紧缩效应——中日银行体制改革比较研究 [J]. 国家图书馆，2002
[81] 董艳玲. 对外开放下的中国银行体系安全问题研究 [J]. 国家图书馆，2005.
[82] 林鸿. 中国银行业金融监管问题研究 [J]. 国家图书馆，2007.
[83] 裴桂芬. 银行监管的理论与模式——兼论日本的银行监管 [J]. 国家图书馆，2000.
[84] 黄丰俊. 中国银行业资本监管的有效性研究 [J]. 国家图书馆，2004.
[85] 黄润中. 经济转轨期中国银行业监管 [J]. 国家图书馆，2003.

四、英文文献

[86] Maximilian J.B.Hall.Banking Regulation and Supervision in Japan：some issues and concerns. Journal of Financial Requlation and Compliance，11（1）2003.
[87] Kenneth A. Grossberg.Global Marketing Innovation in Consumer Banking：Japan. International Journal of Bank Marketing，9（5）1991.
[88] Chizu Nakajima. Japan：Recent Failures in the Japanese Banking Sector. Journal of

Financial Crime, 3（1）1995.

[89] Nayantara D.Hensel. Cost-efficiencies, profitability, and strategic behavior: evidence from Japanese commercial banks. International Journal of Managerial Finance, 2（1）2006.

[90] Chizu Nakajima. Japan: Separation of Banking and Securities Business and Conflicts of Interest. Journal of Financial Crime, 3（3）1996.

[91] William L. Weber, Michael Devaney.The global economy and Japanese bank performance. Managerial Finance, 28（10）2002.

[92] Maximilian J.B.Hall. Japan: the banks are back！ Or are they? Journal of Financial Regulation and Compliance, 17（1）2009.

[93] Carlson Chan, Andrew Chan. Attitude toward wealth management services: Implications for international banks in China. International Journal of Bank Marketing, 29（4）2011.

[94] Coen Heijes. Culture, convenience or efficiency: Customer behaviour in choosing local or foreign banks in China. Chinese Manaqement Studies, 2（3）2008.

[95] Suk-Ching Ho, Chi-Fai Chan.The Bank of China Group in Hong Kong: An Awakening Giant? International Journal of Bank Marketing, 6（5）1988.

[96] Karim Pakravan. Global financial architecture, global imbalances and the future of the dollar in a post-crisis world. Journal of Financial Regulation and Compliance, 19（1）2011.